Barbara Mößner

Das Werkbuch für Kita und Kindergarten

FREIBURG · BASEL · WIEN

Umschlaggestaltung: R•M•E Roland Eschlbeck/Rosemarie Kreuzer
Umschlagfoto: Hartmut W. Schmidt, Freiburg

Layoutentwurf und Produktion: art und weise, Freiburg

Lektorat: Martin Stiefenhofer

Druck und Bindung: fgb • freiburger graphische betriebe 2004
www.fgb.de

Gedruckt auf umweltfreundlichem, chlorfrei gebleichtem Papier

Alle Rechte vorbehalten – Printed in Germany
© Verlag Herder Freiburg im Breisgau 2004
www.herder.de

ISBN 3-451-28263-1

Inhalt

Ein kreatives Werkbuch

Einleitung ... 14
Produkt- und prozessorientiertes Arbeiten ... 17
Was ist eine kreative Handlung? ... 18
Produktorientiertes Werken und Arbeiten ... 21
Prozessorientiertes Werken und Arbeiten ... 22
Kompetenz des Anleitenden ... 27

Gestalten als vielschichtiger Prozess ... 27
Aktion: Öffentlichkeitsarbeit ... 28

Allgemeine Voraussetzungen ... 29
Ideen sprießen lassen ... 29
Die Hürden im Kopf ... 30
Aktion: Das Ideenbuch ... 31
Der erste Schritt ... 32
Ideen werden konkret ... 33
Von den Luxusgütern unserer Zeit ... 34
Material ... 34
Raum ... 36
Zeit ... 38
Bildung ... 40

Werkstoff Papier

Vom Papyrus zum Papier ... 42
Ein ursprüngliches Naturmaterial ... 44

Entstehungsgeschichte ... 44
Aktion: Tonschrifttafel ... 45
Vorläufer des Papiers ... 46
Papyrus klingt nach Papier ... 46
Aktion: Papyruspapier ... 47
Der lange Weg des Papiers um die Erde ... 48
Aktion: Wandern auf dem Globus ... 49
Papier verdrängt Pergament ... 49

Der Buchdruck ... 50
Aktion: Druckwerkstatt ... 51

Aktion: Memory-Spiel ... 52
Aktion: 1000 Ideen für Drucke ... 53
Der Arbeitsplatz ... 54
Aktion: Faltpapiere und Papiertischtuch ... 55
Monotypien ... 55
Aktion: Weißlinien- und Schwarzlinien-Monotypie ... 56

Blindenschrift auf Papier ... 56
Die Brailleschrift ... 57
Aktion: Perforationen ... 57
Spuren auf und im Papier ... 58
Aktion: Tast-Memory und Tastbuch ... 58

Papier heute 59
Wozu heute noch Papier? 60

Papier und seine Eigenschaften 60
Aktion: Papiersammlungs-Leporello 61
Kleine Papierkunde 61
Aktion: Papier-Anregungen 62
Zeitschriftenpapiere 62
Kalenderpapier 63
Aktion: Papierperlen 63
Geschenkpapier 64
Tapeten 64
Aktion: Papierhüllen 64
Zeitungspapier 65
Aktion: Malen auf Distanz 66
Krepppapier 66
Packpapier 66
Papieraufbewahrung 67
Aktion: Große Mappen 67
Papierformate 67
Aktion: Aus Alt mach Neu 68

Papier schöpfen 69
Der Rohstoff und seine Aufbereitung 70
Die Schöpfform 71
Das Schöpfen 71
Das Abgautschen 72
Das Pressen, Abnehmen und Trocknen ... 72
Aktion: Ideen mit selbst geschöpftem Papier 73
Aktion: Besuch in der Papiermühle 74

Papiermaschee 74
Arbeitsplatz und Ausgangsmaterial 74
Der Papiermaschee-Brei 75
Aktion: Handpuppen aus Papiermaschee 75
Aktion: 1000 Ideen mit Papiermaschee 78
Aktion: Rate, rate, wer ist das? 79
Papiermaschee-Variationen 80
Aktion: Tunnel, Höhle, Berg, Vulkan – alles aus Papier 80
Aktion: Exkursion zu einem Recyclingunternehmen 81

Papier und seine Bearbeitung 82
Oberflächenbearbeitung 83
Materialbearbeitung 84
Werkzeuge zur Bearbeitung 84
Klebstoffe 85
Verarbeitungstipps 86
Mit Farbe und Pinsel 87
Aktion: Aus der Pinselwerkstatt 87
Aktion: Aktion Malerbedarf 88

Pappe und Karton 89
Aktion: Ideen mit Pappe 90
Aktion: Pappe als Malgrund 90
Einfache Wellpappe 91
Aktion: Große Labyrinthe 91
Möbel aus doppelter Wellpappe 92
Aktion: Schachtelturm 92
Aktion: Vielfältige Pappschachtel 93
Schachtel-Aktionen 94
Aktion: Das erste Eigenheim 95

Werkstoff Holz

Vom Baum zum Objekt 96
Holz, ein ursprünglicher Stoff 98
Vom Baumsamen zum Baumriesen 98
Aktion: Die Natur der Bäume 99
Was ein gefällter Baum verrät 100
Aktion: Eine Exkursion zum gefällten Baum 100
Eigenschaften von Holz 102
Holzarten 102
Im Sägewerk 103
Industrieholz 104
Aktion: Ergänzungsmaterial 105

Materialbeschaffung und -aufbewahrung 106
Mögliche Quellen 106
Lagerung 107

Die Holzwerkstatt 108
Der passende Raum 108
Grundeinrichtung 108
Notwendige Ausstattung 109
Werkzeugkunde 110
Aufbewahrung von Werkzeug 110
Werkzeuge 110
Messen und Anzeichnen 119
Oberflächenbehandlung und Bemalung 119
Klebstoffe 122

Sicherheitsmaßnahmen 124

Impulse, Projekte und Vorschläge ... 125
Sägen 125
Laubsägearbeiten 126
Aktion: Buchstaben sägen 127
Bohren und schrauben 128
Raspeln, feilen und schmirgeln 129
Aktion: Holzkugelkette 130
Nageln 131
Räder für Fahrzeuge 131
Ideenwerkstatt 132
Aktion: Obstkisten-Objekte 133
Aktion: Ast-Ideen 133
Aktion: Treibholz-Fantasien 134
Aktion: Holzring 134
Holzstempeldruck 134
Aktion: Holzstrukturen drucken 135

Werkstoff Erde, Sand und Ton

Erde – die elementare Grundlage ... 136
Erde ist nicht gleich Erde ... 138
Aktion: Erd-Sammlung ... 138
Erdgeschichten ... 138
Aktion: Was ist unter dem Rasen? ... 139
Aktion: Spiel am Wasser ... 139
Gemahlene Steine ... 140
Farben aus Erde ... 141
Von den Höhlenmalern lernen ... 142
Aktion: Kreide aus Gips und Farbpigmenten ... 142
Farbpigmente und Farbstoffe ... 144
Bindemittel für Farbpigmente ... 145
Aktion: Malfarbe selbst gemacht ... 145
Aktion: Asphaltbilder ... 146
Erdfarben auf reißfestem Papier ... 147
Erdfarben auf Stoff ... 147
Aktion: Eine Fahne für die Gruppe ... 148
Aktion: Ersatzleinwände ... 148

Materialkunde Ton ... 149
Ton finden ... 150
Aktion: Knödel aus dem Bachbett ... 151
Aktion: Versuche mit Lehm ... 152
Vom Arbeiten mit Ton ... 152
Kleine Tonkunde ... 154
Materialbeschaffung ... 154
Aufbewahrung von Ton ... 156
Aktion: Zurück in den Sandkasten ... 157

Arbeitsplatz und Organisation ... 158
Aktion: Tontisch mit Mulde selbst gemacht ... 159
Tonwerkzeuge ... 160
Aktion: Modellierhölzchen für Ton ... 160
Oberflächengestaltung ... 161
Bearbeitungsmöglichkeiten entdecken ... 162
Ansetzen ... 163
Aktion: Tonberg ... 164
Anregungen übertragen ... 165
Aktion: Pippi Langstrumpf und ihr hohler Baum ... 166
Aufbautechniken ... 167
Aktion: Pizza ... 167
Ein Tonbaukasten ... 168
Aktion: Wer baut den höchsten Turm? ... 169
Ton brennen? ... 170
Erfahrungen sind wichtiger als Produkte ... 170
Synergien nutzen ... 171
Der Fassbrand ... 172

Werkstoff Gips

Gipsstein, Gipspulver, Gips 174
Gips – ein spannender Werkstoff 176
Die Eigenschaften von Gips 176

Arbeitsplatz und Werkzeuge 177
Der Arbeitsplatz – ein gut
überschaubarer Platz 178
Reinigung von Gipsresten 178
Aufteilung der Arbeitsplätze................ 179
Werkzeuge 181

Gipsarten und -verabeitung 184
Handelsübliche Gipsarten 184
Besonderheit Marmorgips 185
Haltbarkeit.. 185
Die Mischung macht's 186
Gipspulver „ersaufen" lassen 187

**Mit Gips experimentieren
und gestalten** 187
Gips färben 187
Aktion: Farbige Gipsobjekte 188
Aktion: Versuche mit Einstreumaterial 189
Oberflächenbearbeitung 189

Aktion: Kleine Platten zum Ritzen,
Kratzen, Schaben 190
Mit Gips gestalten 190
Aktion: Gipskreiden 191
Aktion: Gipsgussobjekte 192
Aktion: In Sand gegossen 193
Aktion: In Erde gegossen 194
Der Schein trügt 194
Ton und Gips 195
Aktion: Ton-Materialbild 195
Kaschieren mit Gips 197
Aktion: Ein Kästchen wird zum Objekt 197
Aktion: Frei geformte Landschaften 197
Drahtgeflecht und Drahtgerippe 198
Aktion: Drahtfigur 198
Gipsbinden 199
Aktion: Gipsmasken und -hände 199

Plastische Materialien 201
Die Herstellung 201
Aktion: Materialforschungslabor 202
Papierbrei mit Zusätzen 203
Aktion: Papiermaschee-Gussteile 203

Literatur 204
Bildnachweis..................................204
Bezugsquellennachweis 204

Inhalt **13**

Ein kreatives Werkbuch

Ein Werkbuch zu schreiben, das der Erzieherin in ihrer kreativen Arbeit mit Kindern, als Nachschlagewerk für Werkstoffe und Werkzeuge und als Handreichung für die Umsetzung vielfältiger Projekte, Objekte und gleichzeitig auch als Ideenschmiede dienen soll, kann nie dem Anspruch auf Vollständigkeit und der Ausschöpfung wirklich aller Möglichkeiten gerecht werden.

Es ist eine Herausforderung, ein Buch zu schreiben, das wesentlich Umsetzbares im täglichen Gestaltungsspielraum aufzeigt und damit die Handlungskompetenz der Erzieherin für die pädagogische Arbeit unterstützt, ohne dabei Rezeptcharakter zu haben.

Die Auswahl der Werkstoffe und Werkverfahren wurde aus meiner subjektiven Sicht, nach den Gesichtspunkten der möglichen Material- und Werkzeugbeschaffung und deren Handhabung, der Organisation in Räumen und der altersgerechten Aufgabenstellung für Kinder getroffen.

Aus der Erfahrung meiner langjährigen Arbeit zeigt sich, dass das Arbeiten mit diesen Materialien bereits für Kinder ab 3 Jahren möglich ist. Was wiederum bedeutet, dass es für Kinder ab 3 Jahren auch die Möglichkeit geben soll, mit diesen Materialien arbeiten zu dürfen bzw. Erfahrungen im Umgang mit diesen Materialien sammeln zu können.

Je früher und je uneingeschränkter ein Kind mit und über Material Erfahrungen machen kann, desto leichter fällt es ihm, sich über diesen gestalterischen Weg auszudrücken. Über das Material und die unterschiedlichen Arbeitsmethoden kann das Kind seinen inneren und äußeren Weltbildern, die es durch seine tägliche Lebenserforschung und Lebenserfahrung gewinnt, Ausdruck geben.

Ein kreatives Werkbuch **15**

Die Wahrnehmung und deren innere Verarbeitung durch Denken, Fühlen, Erinnern sowie deren Ausdruck in ästhetischen Handlungen ist nichts, was der kindlichen Entwicklung von außen hinzugefügt werden muss. Um die Welt aus eigener Erfahrung deuten zu können, sind diese Möglichkeiten grundlegend beim Menschen, beim Kind, vorhanden.

Wir können als erziehende Erwachsene diese Entwicklung fördern oder hindern. Wir können durch unsere Unterstützung die Bedingungen, die zu Erfahrungen anregen, schaffen. Wir können statt Desinteresse Interesse bekunden, statt ungeduldig zu sein mit dem größtmöglichen Potenzial an Geduld das Kind und seine Unternehmungen fördern, seine Fantasie unterstützen und dazu beitragen, dass sich Kinder intensiv auf ästhetische Prozesse einlassen können. Unsere Bereitschaft eröffnet oder verschließt „Spielräume". Mit diesem Buch möchte ich das Schaffen und Gestalten solcher Spielräume unterstützen.

Barbara Mößner

Produkt- und prozessorientiertes Arbeiten

Grundsätzlich gibt es zwei Wege bei der gestalterischen Arbeit mit Kindern: das prozessorientierte Arbeiten und das produktiorientierte Arbeiten. Hinter diesen beiden Begriffen stecken zwei Methoden, die unterschiedliche Arbeitsmöglichkeiten bieten. Im Folgenden werden beide Methoden erörtert und die wichtige Frage in den Raum gestellt: Wo und wie können wir am besten kreative Lernsituationen herstellen?

Gemeinsames Gestalten nach eigenen Ideen ist kreativ und lustvoll.

Was ist eine kreative Handlung?

Wer zum Beispiel versucht, ganz unterschiedliche Materialien zu verbinden, der muss kreativ werden. Er muss die unterschiedlichsten Versuche mit Materialien und Verbindungstechniken anstellen, um eine Lösung zu finden. Dabei muss er sich immer wieder korrigieren, und zwar so lange, bis ein zufrieden stellendes Ergebnis in Aussicht ist. Eventuell muss er mehrmals von vorn beginnen. Dieses Vorgehen erfordert ein hohes Maß an Frustrationstoleranz und es ist nicht immer einfach, diesen beschwerlichen Weg zu gehen. Vor allem dann nicht, wenn Erwartungen an ein bestimmtes Ergebnis bestehen. Für Erwachsene sind Ergebnisse wichtig. Kindern dagegen sind die intensiven Erfahrungen im Arbeitsprozess meist wichtiger.

Bei der produktorientierten Methode liegt ein Ergebnis (Produkt) vor, das nachgeahmt werden soll. Bei der Umsetzung werden vor allem handwerkliche Fähigkeiten und Kenntnisse vermittelt, die das Kind befähigen, das klar umrissene und vorgegebene Ziel so gut und schnell wie möglich zu erreichen. Im Extremfall ist dabei das Wesentlichste, an der vorgezeichneten Linie einer Schablone entlangzuschneiden und eine Klebelasche auf eine markierte Fläche zu kleben usw. Bei dieser Arbeitsmethode sollten wir uns fragen:

→ Wie viel Spielraum bleibt dabei den Kindern für eigene Gestaltungswege und -räume?

→ Was bieten Bastelbogen und Bastelbücher mit genau vorgegebenen und detailliert durchgeplanten Arbeitsvorschlägen den Kindern?

→ Was bieten wir als verantwortungsbewusste Erziehende dem Kind mit der Möglichkeit, ein perfektes, beeindruckendes Ergebnis zu erlangen, das dem Urteil des Erwachsenen standhält, wenn es statt Eigeninitiative nur genaue Anweisungen befolgen soll und dabei die Hilfe der Erwachsenen in Anspruch nehmen muss? Oft sind die Handlungsschritte genau vorgegeben und die Materialliste auf das Genaueste zusammengestellt, sodass die Ergebnisse Individualität vermissen lassen, und das Kind Schwierigkeiten hat, seine Arbeit zu erkennen.

Andere Fragen sind:
- → Weiß das Kind, warum und weshalb es diese Handlungsschritte gerade jetzt und genau so machen soll?
- → Kennt es den (Bau-)Plan und kann ihn nachvollziehen?
- → Hat es bei der Planung mitgestalten dürfen und können, oder nimmt es die Rolle des „Hilfsarbeiters" ein und darf nur einfache Arbeitsschritte übernehmen, ohne zu wissen, warum es dies gerade tut?
- → Können Kinder und Erzieher zu Recht stolz sein, wenn Eltern beim Abholen der Kinder die nachgemachte Schultüte bestaunen, auch wenn beide, Kind und Erzieher, nur Erfüllungsgehilfen einer vorgegebenen Idee waren und die Schablone das Maß aller Dinge war?
- → Lassen vorgegebene Produkte dem gestalterisch arbeitenden Menschen überhaupt Möglichkeiten, eigene Entscheidungen zu treffen, oder sind die Endergebnisse im Kopf der Erwachsenen so fixiert, dass dafür kein Spielraum bleibt?

Den eigenen Ideen freien Lauf lassen.

Bei der prozessorientierten Methode steht der Herstellungsprozess im Vordergrund, eine Idee, ihre Weiterführung und Konkretisierung. Das Produkt als solches kann in diesem Fall ganz unterschiedlich ausfallen.

Oft werden die beiden Begriffe „prozessorientiert" und „produktorientiert" als Gegensatzpaar genannt und sind es in der Regel auch. Es sind unterschiedliche Vorstellungen und Vorgehensweisen, wie das Kind zu schöpferischen, engagierten und eigenständigen Handlungen und Denkprozessen gelangen soll, wobei die Methode des produktorientierten Arbeitens in Bezug auf Kreativität kritisch hinterfragt werden muss.

Wenn sich die beiden Methoden ergänzen sollen, muss ein „Königsweg" zwischen dem Schwerpunkt des produktorientierten Arbeitens – Nacharbeiten eines Produktes – und dem Schwerpunkt des prozessorientierten Arbeitens – Raum für eigene, unbekannte Gestaltung zu finden – gesucht werden. Eine Aufgabe muss dann so offen formuliert sein, dass sich die Spielräume in der Wahl der technischen Ausführung, des Materials, der Farbe etc. und das vorgegebene Produkt ergänzen und die Gestaltungsfähigkeit des Kindes nicht übergangen wird.

Bemalte Laubsägearbeit als Produkt prozessorientierten Arbeitens.

Produktorientiertes Werken und Arbeiten

Produktorientiertes Vorgehen beinhaltet die Gestaltung von Arbeiten, bei denen das Endergebnis fest umrissen und vorgegeben wird. Der Weg dazu ist als zu bewältigende Aufgabe klar definiert. Der Erwachsene macht eindeutige Vorgaben und gibt z. B. den zeitlichen Rahmen und die Arbeitsmittel vor, er gibt an und zeigt, auf welche Weise das Produkt gefertigt wird, und kann es somit in eine Reihe von lauter ähnlichen, miteinander vergleichbaren Arbeiten stellen. An einer solchen Aufgabe lernt das Kind durch Zusehen und Nachmachen:

→ wie Werkzeug und Material eingesetzt werden, um ein bestimmtes Ziel zu erreichen;
→ Geduld einzuüben;
→ dass die Vorstellungskraft eines anderen erfüllt werden kann und dass andere eine Vorstellungskraft haben, die über die eigene hinausgeht;
→ dass innerhalb eines genau eingehaltenen Arbeitsprozesses und den aufeinander folgenden Arbeitsschritten das vorgegebene Ziel erfolgreich erreicht wird.

Halbmaske aus Gipsbinden, ...

Dennoch soll, wo immer es möglich ist, auch in dieser Arbeitsweise dem Kind Freiraum für eigene Entscheidungen im Gestaltungsprozess gelassen werden.

Beim Gestalten nach Werkbüchern und Bastelanleitungen „kämpfen" wir mit perfekt ausgearbeiteten und abgebildeten Produkten, die von den Betrachtern nachgemacht werden wollen. Es ist eine Kunst, die richtigen Anregungen in Abbildungen für eine Altersgruppe und deren Können zu finden. Dennoch: Die perfekt abgebildeten Produkte führen meist zu einer Überforderung in der Umsetzung und unterfordern die eigene Fantasie. Der anleitende Erwachsene muss zu viel Hilfe geben, damit das „schöne" abgebildete Ergebnis annähernd erreicht wird. Es gibt wenig Literatur im Gestaltungsbereich, die das Kind anregt, seine Fantasie fordert und fördert und gleichzeitig auch ein vorgegebenes Ziel aufzeigt. Den Kindern sollen Grundlagen vermittelt werden. Sie werden durch Erweiterung ihrer Kenntnisse im Umgang mit Werkzeug und Erfahrung in der Materialbearbeitung mit klaren Zielvorgaben an das erwartete Ergebnis zu einem Ziel geführt. Dabei ist es erforderlich, dass sie – um den eigenen Vorstellungen Raum zu lassen – eigenständig und mit größtmöglichem Spielraum arbeiten.

Prozessorientiertes Werken und Arbeiten

Prozessorientiertes Arbeiten geht von anderen Voraussetzungen aus. Das Kind will dabei mit seinen Wahrnehmungen, seinem eigenständig erworbenen Wissen und den sich daraus ergebenden Fragen neugierig einen selbst erdachten, geplanten und durchgeführten Weg begehen. Es ist ein Weg, den ein Kind manchmal zögerlich oder aber rasch handelnd findet und begeht. Diesem Weg muss eine größere Bedeutung beigemessen werden als dem Produkt. Dabei entwickeln sich sehr unterschiedliche Beziehungen, die Kinder zu ihren fertigen Arbeiten aufbauen. Einmal erfüllt sie aller Stolz, ein anderes Mal wird das fertige Objekt eher mit Gleichgültigkeit behandelt und der begangene Weg als die eigentliche Arbeit angesehen. Das Produkt ist für alle sichtbar, was jedoch ganz allein dem Kind, dem Schöpfer der entstandenen Dinge gehört, sind die gemachten

Erfahrungen, die sich daraus entwickelnden Bilder und Vorstellungen, die es in sich weitertragen wird.
Wenn wir den Begriff des Produktes nicht ausschließlich als ein nachweisbares Ergebnis betrachten, sondern als Erfahrung aus dem Prozess, so ist nicht in erster Linie das sichtbare Ergebnis wesentlich, sondern vor allem der Weg dorthin. Die Orientierung am Gestaltungsprozess schließt jedoch ein zufrieden stellendes Produkt als sichtbares Ergebnis keineswegs aus.

... die nun weiter ausgestaltet werden kann.

Ein kreatives Werkbuch

Beispiel: Projekt Obstkiste oder Lukas hat eine Idee!

Beim Obst- und Gemüsehändler findet Lukas eine Obstkiste. Er bringt sie in die Kita mit und geht in den Werkraum. „Ich habe eine Idee. Mein Vater hat bald Geburtstag und ich baue ihm eine Kugelbahn. Kannst du mir dabei helfen?"

Er bekommt von seiner Erzieherin die Zusicherung, dass sie ihn unterstützt. „Ich rufe dich, wenn ich Hilfe brauche, oder komme vorbei." Absprachen und die verbindliche Zusage, dass er Unterstützung erfährt, lassen ihn sofort mit seiner Arbeit beginnen.

Die Kiste wird demontiert. Der Versuch, die Klammern mit dem Seitenschneider sorgfältig herauszulösen, um damit Bretter als Baumaterial zu haben, wird nach einiger Zeit abgebrochen. Er tut sich sehr schwer mit dieser selbst gestellten Aufgabe und will die Erzieherin nicht um Hilfe bitten. Eine andere Möglichkeit der Demontage entdeckt er im Zertreten der Kiste. Die Ränder splittern zwar, aber die Arbeit geht schneller voran. Er versucht noch einen anderen Weg. Eine Feinsäge wird geholt und die Kiste weiter in ihre Einzelteile zerlegt.

Der Kistenboden ist die erste Plattform. Mit Stützen aus einem Besenstiel entsteht eine weitere Etage. Rampe und Rinne, Tunnel und freier Fall werden erprobt und die Murmeln klickern auf der vorgegebenen Bahn. Beim Heißkleben ist Unterstützung gefragt. Mit einem Stöckchen oder einem Lappen, um sich die Finger nicht zu verbrennen, werden die Klebestellen gepresst und gehalten. Kreppklebeband und kleine Nägel helfen, die Konstruktion zu vervollständigen.

Mit der Heißklebepistole werden Teile verbunden.

Die Kugelbahn ensteht.

Bei der Umsetzung von Ideen müssen viele Prozesse durchschritten werden. Das Erkennen von Problemen und die erforderliche Kraft, eigene Lösungen zu finden, muss geübt und unterstützt werden. Die Ermutigung und Unterstützung durch die Erzieherin, die das Kind in seinem Willen und seinen Fähigkeiten, schöpferisch zu arbeiten, motiviert, ist dabei wichtig. Sie hilft, lenkt behutsam und unterstützt – und dazu gehört auch die nonverbale Kommunikation, ein ermunternder, anerkennender Blick, der oft mehr sagt als viele Worte. Das Erlebnis, während der Arbeit an und mit den eigenen Ideen spannende, lustvolle und sinnenfreudige ausgefüllte Zeit zu verbringen, ohne dabei vorgegebenen Erwartungen an ein Endprodukt entsprechen zu müssen, ist für alle Menschen beglückend. Es ergeben sich daraus Möglichkeiten und Wege, Wissen und Erkenntnisse aus dem Bereich der Naturwissenschaft zu gewinnen. Die Stofflichkeit des Materials und der Umgang damit fordern logische Prozesse und Denkweisen ein. Das Kind erlebt seine gestalterische Arbeit in Zusammenhang von Raum und Zeit. Es lernt durch sein Handeln logische Abläufe kennen und gewinnt daraus Einsichten für deren Zusammenhang. Es kann die Vorgänge beschreiben, die es erlebt hat. Die Verbalisierung von Handlungsabläufen ist dem Kind nur durch selbst gemachte Erkenntnisse möglich. Durch prozessorientiertes Arbeiten werden in hohem Maße die Neugierde und das Staunen geweckt und bleiben erhalten. Das ist die Grundlage von schöpferischem Denken und Handeln, nicht nur im ästhetischen Bereich.

Auch im prozessorientierten Handeln gibt es Regeln. Sie beziehen sich auf den Umgang mit Werkzeug und Material und auf soziale Rücksichtnahme während des Arbeitsprozesses. Hilfeleistungen und gegenseitige Unterstützung fördern in hohem Maß die soziale Kompetenz des Kindes. Der richtige Umgang mit Werkzeug bietet dem Kind Schutz vor Verletzungen und fördert im Wissen darum seine Handlungskompetenz.

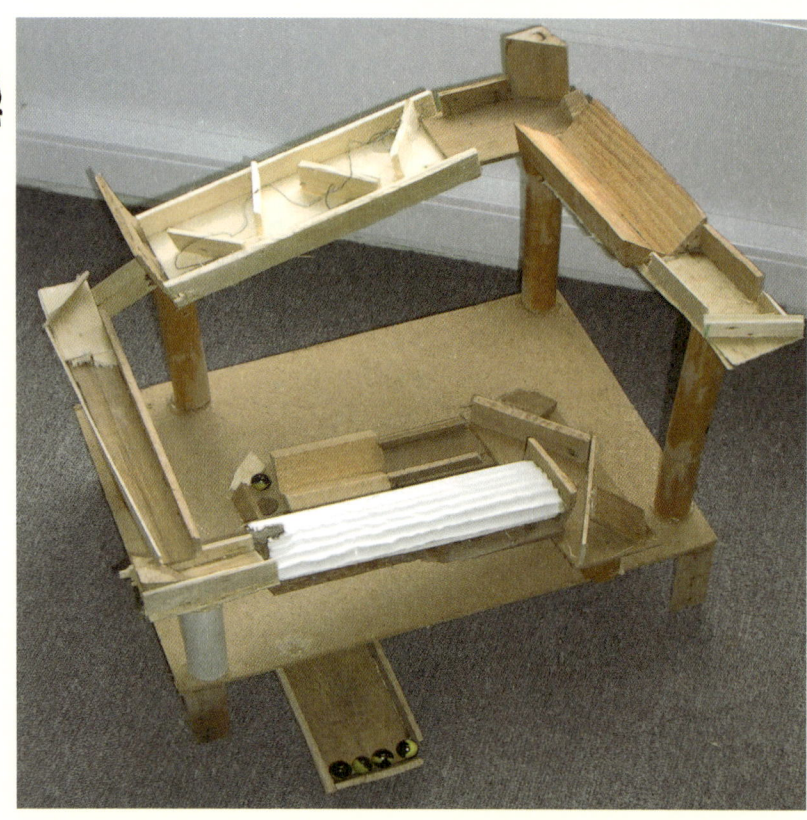

Die Kugelbahn als fertiges Werkstück.

Kompetenz des Anleitenden

Um die Arbeit der Kinder besser zu begleiten, sollte der Erwachsene auf einen eigenen Erfahrungsschatz zurückgreifen können. Dieser muss z. B. durch Fortbildungen oder eigenes Erproben von Materialien und Techniken ständig neu gewonnen und erweitert werden. So können Kinder und Erwachsene zusammen in Experimentierfeldern arbeiten und so voneinander lernen. Gestalterische Abläufe werden durch eigene Anschauung und gemeinsames Ausprobieren gründlicher und schneller erfasst als über lange sprachliche Erklärungen.

Gestalten als vielschichtiger Prozess

Es geht beim Werken und Malen (meist wird der landläufige Begriff „basteln" für diese Tätigkeiten verwendet), nicht um das Herstellen und Anfertigen irgendwelcher Dinge, die nach Vorbild und Schablone gearbeitet werden. Es geht nicht um die Beschäftigung der Kinder, damit sie sich nicht langweilen und ihre Zeit damit gefüllt wird. Dagegen will ich mit allem Nachdruck in diesem Buch vorgehen. Die Erkenntnis, dass Material, Technik und Fertigkeiten so eingesetzt werden, dass Kinder in ihrer Lebensbewältigung, in ihrer Lust am Gestalten und in ihren ästhetischen Bedürfnissen unterstützt werden sollen, ist gefordert. Die eigenen Gedanken, Vorstellungen und Bilder gestalterisch zum Ausdruck zu bringen, ist beglückend und immer sinnvoll. Es ist eine Herausforderung für jeden pädagogisch verantwortlich Handelnden, diesen Rahmen zu schaffen. Das Können einer Erzieherin wird oft an den Produkten der Kinder gemessen. Geführte Arbeiten werden mit Lob und Freude begrüßt, eigenständig Gemachtes, das nicht so „schön" ist, trifft meist auf Skepsis oder gar Ablehnung. Die Wertschätzung, die Kinder mit ihren Arbeiten im Elternhaus erfahren, ist maßgebend für ihr Werkverhalten. Wenn nun aber bei der Grundidee des prozessorientierten Werkens nicht das „vorzeigbare"

Endprodukt oberstes Ziel ist und dennoch von Außenstehenden eine qualifizierte Arbeit im erzieherischen Alltag erkannt und anerkannt werden soll, ist Information für die Eltern und Träger wichtig.

Aktion: Öffentlichkeitsarbeit

Veranstalten Sie einen Elternabend, um über Inhalte und Ziele Ihrer Arbeit im gestalterischen Bereich zu informieren. Lassen Sie Erwachsene Erfahrungen des prozessorientierten Arbeitens miterleben. Führen Sie eine Aktion während des Elternabends für die Teilnehmer durch oder laden Sie die Eltern ein, sich in den Werkstätten und Gruppenräumen der Einrichtung umzuschauen, mitzuarbeiten, zu lernen oder einfach nur, um die Kinder beim Arbeiten zu beobachten. Machen Sie Ausstellungen beispielsweise in der Kirchengemeinde, im Rathaus und anderen Räumen des öffentlichen Lebens. Sprechen Sie in der Öffentlichkeit über ihre Arbeit und präsentierten Sie die entstandenen Objekte. Halten Sie kleine Vorträge bei Ausstellungsanlässen über Kreativität, Wertschätzung, Erfahrung und Bildung, die auf diesem Weg erwächst. Laden Sie auch die Presse zur Berichterstattung ein oder schreiben Sie selbst Artikel für die örtliche Zeitung. Fotografieren Sie die Kinder beim Arbeiten und zeigen Sie die Bilder auf Plakaten im Kindergarten. Machen sie einen kleinen Film, der das Arbeitsverhalten der Kinder zeigt, wie sie sich intensiv mit Material, Werkzeug und ihren selbst gestellten Aufgaben auseinander setzen.

Freiheit und Verantwortung

Im Elementarbereich besteht die einmalige Chance, in einer wertungsfreien Zone ohne Halbjahresberichte oder Zeugnisse arbeiten zu können und sich nicht nach Bildungsplänen richten zu müssen. Diese Möglichkeit, mit Kindern und Jugendlichen absolut kreativ und frei arbeiten zu können, ist ein großes Glück und eine Chance.

Gleichzeitig ist es jedoch für die Erzieherin eine Herausforderung, eine große Verantwortung und fordert stets, mehr zu tun, als nur einen Job zu erfüllen. Wir müssen selbst mehr wissen wollen, dürfen die Neugierde nicht an den Nagel hängen oder beim Nachhausegehen an der Kindergartentür abgeben.

Allgemeine Voraussetzungen

Voraussetzungen für ein erfolgreiches praxisorientiertes Arbeiten mit Kindern ist die positive Einstellung, die Herangehensweise der Erzieherin an das Gestalten. Eigene Erfahrungen mit prozess- und produktorientiertem Gestalten sind dabei sehr hilfreich.

Ideen sprießen lassen

Ideen zulassen, das ist eine Haltungsfrage! Kinder haben in der Regel keine Probleme damit, ihre gestalterischen Ideen sofort in die Tat umzusetzen. Sie bedienen sich dabei der Mittel, die sie zur Verfügung haben, und stellen dabei meist ein erstaunliches Improvisationstalent und eine verblüffende Kreativität unter Beweis.

Erfahrungen im prozessorientierten Gestalten sind wichtig.

Oft haben Erzieherinnen Schwierigkeiten damit, ihren eigenen Ideen freien Lauf zu lassen. Eine Voraussetzung dafür ist die Auseinandersetzung mit Fragen wie:
→ Ist es mir überhaupt wichtig, dass meine Ideen umgesetzt werden, selbst wenn ich dafür nicht Lob und Anerkennung bekomme?
→ Ist es mir wichtig, mich auszudrücken?
→ Nehme ich mir Zeit, mich gestalterisch zu artikulieren?

Diese Fragen sollten uneingeschränkt positiv beantwortet werden, denn „ich selbst" bin die oberste Instanz für meine Werke.

Die Hürden im Kopf

Die folgenden Überlegungen sind für Erwachsene typisch.
→ Hinterfragen, was man mit etwas machen kann (Zweck und Nutzenorientierung).
→ Die Sorge, ob die Ergebnisse dem Urteil der anderen standhalten werden.
→ Der Vergleich mit immer noch „Besserem". Aufgrund solcher Überlegungen finden sich schnell Gründe, gar nicht erst mit freien gestalterischen Projekten zu beginnen, denn es stellt sich oft heraus, dass das, was ich tun möchte, vielleicht keinen „Nutzen" und keinen „Zweck" hat und somit für sich selbst stehen muss;
→ auf die Frage von Dritten, was das denn sein soll, keine befriedigende Antwort möglich sein könnte;
→ das Ergebnis in den Augen anderer nicht gut genug sein könnte;
→ bei der eigenen wie auch bei der Betrachtung durch andere die nur allzu bekannten „schulischen" Wertmaßstäbe (technische Ausgereiftheit der Herstellungsmethode, ästhetischer Anspruch) im Vordergrund stehen.

Die erste und wichtigste Aufgabe beim gestalterischen Arbeiten ist, sich von solchen negativen und hinderlichen Überlegungen zu verabschieden und eine Sammlung eigener Ideen und Projekte anzulegen. Diese unsortierte Sammlung wird angelegt, ohne die Ideen auf die Möglichkeit der Durchführung zu untersuchen, ohne Wertung, ob der Einfall gut oder schlecht, nützlich oder unnötig ist.

Aktion: Das Ideenbuch

Ideen müssen dingfest gemacht werden, möglichst spontan, „ungefiltert", ungeprüft. Für Kinder wie für Erwachsene gilt gleichermaßen die Empfehlung, ein Ideenbuch (ein leeres Heft, eine selbst zusammengeheftete Sammlung von Blättern o. Ä.) anzulegen. Damit sie nicht verloren gehen, werden darin Ideen notiert, die nicht gleich umgesetzt werden können. Kinder, die noch nicht schreiben können, sollten ihre Einfälle in das Ideenbuch malen.

Jeder „Ideenfinder" sollte ein eigenes Ideenbuch besitzen. Dieses Buch oder Heft bekommt entweder einen festen Platz – so kann man es bei einem „Ideenblitz" zur Hand nehmen, hineinschreiben und die Ideen sind vorerst nicht verloren – oder noch besser ist es, dieses Ideenbuch stets bei sich zu tragen, denn: Vor Einfällen und Ideen ist man nie geschützt, sie kommen überfallartig und kündigen sich nicht an. Sie sind manchmal genauso schnell wieder verschwunden, wie sie gekommen sind, und vielleicht für immer verloren, wenn sie nicht festgehalten werden.

Im Ideenbuch können Anregungen, Gedankenblitze, Bilder und auch gestaltete Produkte festgehalten werden.

Der erste Schritt

Aus der Sammlung dieses Ideenbuchs lässt sich dann eine Aufgabe wählen, die nicht durch die Schwierigkeit der Umsetzung von vorneherein zum Scheitern verurteilt ist. Der Anfang ist also ein erster, kleiner, umsetzbarer Schritt. Schließlich soll der Erfolg eine Bestärkung zum Weitermachen sein. Die Erfahrung, durch kreatives Handeln einen Zugang zu Material, Farbe, Form und Ausdruck zu finden, kann in hohem Maße glücksbringend sein. Gleichzeitig wird das Verständnis im Arbeiten mit Kindern gefördert.

Kinder sind in der Lage, aus einem unerschöpflich wirkenden Quell von Einfällen zu schöpfen. Sie haben bei der Umsetzung der Ideen andere Probleme als ein Erwachsener, etwa:

→ Woher bekomme ich Materialien und Werkzeuge, um meine Ideen umzusetzen?
→ Wo finde ich einen Platz, um ungestört zu werken?

Ein Bild entsteht an der Staffelei.

Voneinander lernen, um kreativ tätig werden zu können, das ist hier notwendig und möglich. Wie der Zauberspruch einer guten Fee kann die Einladung und Aufforderung eines Erwachsenen wirken, wenn die Kinder zum „Schaffen" eingeladen werden. Und wie eine befreiende Quelle der Inspiration wirken die Ideen und unvoreingenommenen Herangehensweisen und Haltungen der Kinder.

Zauberworte

Mit den folgenden oder ähnlich lautenden Formulierungen können bei Kindern Initialzündungen für kreatives Arbeiten gegeben werden.
→ Hier kannst du arbeiten.
→ Was brauchst du?
→ Wenn du willst, kann ich dir dabei helfen.
→ Wenn du willst, kann ich dir das zeigen.

Ideen werden konkret

Wer sich eingehend mit etwas beschäftigt und die Dinge näher betrachtet, der kann zu einem richtigen „Spezialisten" werden. Das Wissen über einzelne Materialien lässt sich z. B. durch Lesen von Fachliteratur erweitern. Mehr jedoch über die Auseinandersetzung mit den Werkstoffen selbst. Dabei werden Erkenntnisse über die Eigenschaften und speziellen Gesetzmäßigkeiten des Materials gesammelt. Auch das Einkaufen und Lagern von Material, die Planung eines Projektes und die handwerkliche Um- und Auseinandersetzung fördern die Kompetenz zum Spezialisten. Diese unmittelbare und praktische Art des Wissenserwerbs ist für Kinder, die noch nicht lesen können, ein guter Weg. Sie erwerben ihr Wissen
→ über den Weg des Hörens und der Handlung,
→ über den Weg des Zuschauens und durch Nachahmung,
→ über den Weg des Schauens, Hörens und selbstständiger Handlung (Erfahrungswissen).

Mustermix mit selbst gemachten Farben.

Ein kreatives Werkbuch **33**

Von den Luxusgütern unserer Zeit

Reizüberflutung und Enge, ständige Geräusche und auferlegte Zeitraster sind nicht förderlich für schöpferisches Handeln. Daraus ergibt sich, dass Stille, Ruhe und Konzentration, großzügige Raumangebote, weite Zeiträume und ein vielfältiges Materialangebot dem arbeitenden, experimentierenden Kind zur Verfügung gestellt werden sollten. Durch die pädagogische Unterstützung des Kindes in diesen Bereichen schafft der Erwachsene Voraussetzungen für Bildung, die dem jungen Menschen eine Chance geben, eigene Bildwelten, gesuchte und gefundene Antworten von der Wirklichkeit, deren vielschichtigen Wahrnehmungsebenen und den Vorstellungen vom Leben zum Ausdruck zu bringen. Dies bedeutet nicht nur Bildung im Wissensbereich, es bedeutet auch Herzensbildung, es sorgt für einen besseren Überblick über die Möglichkeiten und Zusammenhänge, macht empfänglicher, offener für die eigenen Bedürfnisse und die Bedürfnisse anderer.

Material

Material zu haben, ist nicht nur eine Frage der finanziellen Möglichkeiten. Es bedeutet vor allem Findigkeit und ist ein Ergebnis des Ausschöpfens organisatorischer und planerischer Bedingungen. Es gibt Materialien, die kostenlos zu Verfügung stehen, das so genannte „Abfallmaterial" oder „kostenlose Material". Es fällt ab, weil das eigentliche Produkt darin verpackt oder transportiert wird, es ist in keinem Fall kostenlos, da es dem verkauften Produkt bereits im Preis zugeschlagen wurde. Auch die „Entsorgung" der Verpackung ist nicht kostenlos. Viele Stoffe dieser Kategorie landen heute im Mülltrennsystem als „Wertstoffe" und als solche sollten wir die zur Verfügung stehenden Materialien auch ansehen. Dazu zählen beispielsweise: Transportpaletten (Holz), Obstkisten (Holz), Pappkartons (aus der Möbelverpackung), Folien (Einschweißfolien für Matratzen, Getränkepaletten usw.), Zeitungen und Packpapier, Briefumschläge und vieles mehr.

Fundorte

Recyclingunternehmen, wo viele Abfallprodukte zusammengetragen werden, sind nicht nur Orte des Findens, es sind vor allem auch Orte des Forschens und des Erkennens. Kinder und Erwachsene können Fragen klären. Sie können sehen, wohin die Dinge kommen, die wir wegwerfen, und was mit ihnen gemacht wird.

Weitere Fundorte sind Handwerksbetriebe oder Fabriken, alle Orte, an denen etwas produziert wird. Dort fällt meist etwas ab, es gibt Restmaterial und in der Regel wird dieses Material sehr preiswert abgegeben oder manchmal sogar verschenkt.

Fundort Papierrecycling: Berge von Arbeits- und Ideenmaterial.

Die Forderung, dem Kind ein vielfältiges Materialangebot zur Verfügung zu stellen, ist mit dem Wagnis verbunden, dass ein „Zuviel" ebenso hinderlich ist wie ein „Zuwenig". Es ist häufig dieses Zuviel an Eindrücken, Zuviel an Forderung, schnell etwas anderes zu tun, das ein ungestörtes und fruchtbares Herangehen an die kreative Arbeit verhindert.

Ein kreatives Werkbuch **35**

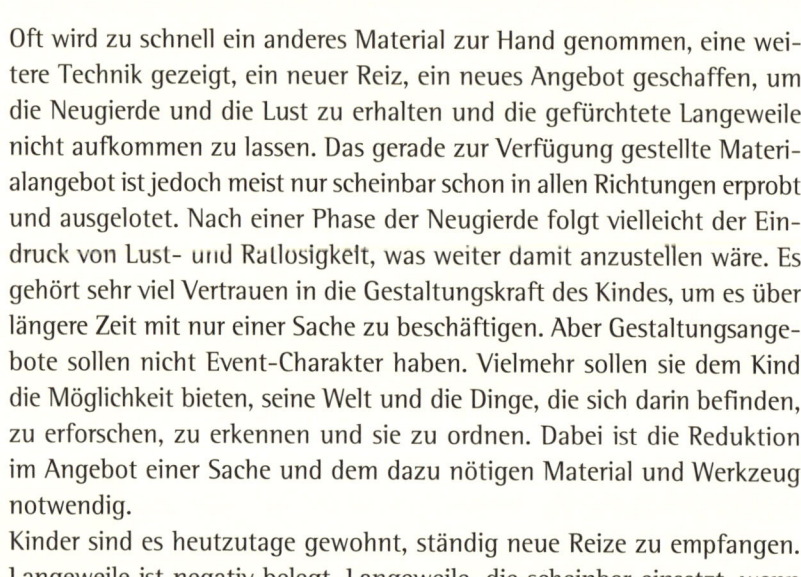

Oft wird zu schnell ein anderes Material zur Hand genommen, eine weitere Technik gezeigt, ein neuer Reiz, ein neues Angebot geschaffen, um die Neugierde und die Lust zu erhalten und die gefürchtete Langeweile nicht aufkommen zu lassen. Das gerade zur Verfügung gestellte Materialangebot ist jedoch meist nur scheinbar schon in allen Richtungen erprobt und ausgelotet. Nach einer Phase der Neugierde folgt vielleicht der Eindruck von Lust- und Ratlosigkeit, was weiter damit anzustellen wäre. Es gehört sehr viel Vertrauen in die Gestaltungskraft des Kindes, um es über längere Zeit mit nur einer Sache zu beschäftigen. Aber Gestaltungsangebote sollen nicht Event-Charakter haben. Vielmehr sollen sie dem Kind die Möglichkeit bieten, seine Welt und die Dinge, die sich darin befinden, zu erforschen, zu erkennen und sie zu ordnen. Dabei ist die Reduktion im Angebot einer Sache und dem dazu nötigen Material und Werkzeug notwendig.

Kinder sind es heutzutage gewohnt, ständig neue Reize zu empfangen. Langeweile ist negativ belegt. Langeweile, die scheinbar einsetzt, wenn der Erwachsene nicht schnell genug etwas Neues „aus dem Hut" zaubert. Der Erwachsene wird so eher zum Animateur des Kindes, zu seinem Freizeitmanager, statt zu einem Anreger und Begleiter. Unterhaltung vom Aufstehen bis zum Schlafengehen. Wenn das Programm nicht live stattfindet, wird die Konserve in Anspruch genommen: Video, Computerspiel, Fernsehprogramm, DVD, Kassetten ... Dabei wird übersehen: „Langeweile" infolge einer Beschäftigung mit einigen wenigen Materialien und Techniken kann zu kreativ-eigenständigen Lösungen führen.

Raum

Räume zur Verfügung zu stellen ist mit etwas Aufwand und Initiative verbunden. Manchmal müssen Räume ausgeräumt oder umgeräumt werden, Außenräume und Naturräume können unter Umständen genutzt werden, Absprachen mit anderen Institutionen können getroffen werden, um Räume in anderen Einrichtungen nutzen zu können, z. B. Schulräume, die nachmittags leer stehen, Räume, die Kirchengemeinde und die politischen Gemeinden zur Verfügung stellen könnten (Gemeindezentren, Begegnungsstätten, Altenbegegnungsstätten usw.). Vom Raum ausgehend können sich auch weitere Verknüpfungen oder Ideen ergeben: Weshalb sollten nicht innerhalb verschiedener Generationen neue Möglichkeiten der Begegnung stattfinden z. B. durch gemeinsame Nutzung vorhandener Werkräume? So könnte auch der Ghettoisierung von Jung und Alt entgegengewirkt werden. Denn sowohl Kinder wie auch ältere Menschen sind meist auf ihre Altersgruppe reduziert und ein Austausch und Miteinander, ein Lernen voneinander, wie es in vergangenen Zeiten selbstverständlich in der Großfamilie möglich war, findet so nicht mehr statt.

Einen Ort für die Umsetzung von Ideen zur Verfügung zu stellen, ist eine wichtige Grundbedingung gestalterischen Arbeitens. Neben dem kreativen Blick, der nach Möglichkeiten sucht, um Kindern Erfahrungen und Raumangebote des Gestaltens machen zu können und vielleicht auch den sozialen Aspekt des gemeinsamen Miteinanders in dieser Gesellschaft zu vermitteln, ist die verwaltungstechnische und rechtliche Seit zu beachten. Immer gilt es auch, versicherungstechnische Details zu berücksichtigen und bürokratische Hürden zu nehmen.

Hingebungsvolles Gestalten ohne Zeit- und Ergebnisdruck.

Zeit

Mit dem „Luxusgut" Zeit gehen Erwachsene und Kinder unterschiedlich um. Scheint Zeit für Kinder noch in unbegrenztem Umfang zur Verfügung zu stehen, ist dem Erwachsenen in vollem Umfang bewusst, wie begrenzt und wie kostbar dieses Gut ist. Zeit wird bemessen. Die Uhr und die Terminplanung sind feste Bestandteile im Leben der Erwachsenen und wir sind oft zu sehr darum bemüht, die Kinder so schnell wie möglich in Raster und Strukturen zu bringen, die vor allem unser Erwachsenenleben einfacher und planbarer machen. Die Durchschaubarkeit von Abläufen, die aufeinander folgen sollen, ist uns zum zwanghaften Gestalter unseres Alltags geworden. Umso schwerer wird es, in der freien Zeit die Dinge ihren Lauf nehmen, die Seele baumeln zu lassen. Je großzügiger der Erwachsene mit dem Gut Zeit umgehen kann, desto einfacher ist es, sich selbst und dem Kind gegenüber Geduld und Gelassenheit aufzubringen.

Bei der Überlegung, welche Arbeitsmethode vom Erwachsenen gewählt wird, zeigt sich deutlich, welche Rolle der Faktor Zeit einnimmt und wie dieser das wechselseitige Arbeiten von Erzieherin und Kindern bestimmt. Beim produktorientierten Arbeiten wird die Zeit vom Erziehenden geplant. Es wird das Ziel verfolgt, dass ein besonders „repräsentatives" Gestaltungsobjekt, von den Kindern innerhalb eines vorgegebenen Zeitraumes nachgearbeitet werden soll. Dabei nehmen wir in Kauf, dass mithilfe des Erwachsenen alle Ergebnisse mehr oder weniger gleich ausfallen. Im Vordergrund steht nicht das Ergebnis der eigenen individuellen Arbeit. Der Erfolg hängt mit der Erfüllung aufeinander abgestimmter Faktoren zusammen. Der Erziehende sollte sich der Gefahr bewusst sein, in die wir die Kinder mit dem Verfolgen dieses Zieles bringen. Sie sollen Arbeitsschritte nachvollziehen, die sie aufgrund ihrer Entwicklung noch nicht leisten können. Der Erwachsene übernimmt die Entscheidungen für die Gestaltung. Er entscheidet darüber, was, wie, warum und wo gestaltet wird. Um sein Ziel mit allen Kindern zu erreichen, übernimmt er manchmal sogar selbst – „gut gemeint helfend", in Wirklichkeit jedoch entmündigend und damit entmutigend – Arbeitsvorgänge, die das Kind eigentlich selbstständig lösen sollte. Der Erwachsene wundert sich dann vielleicht, dass sich ein Kind langweilt, sich wenig selbst beteiligt und dass es lieber etwas anderes spielen möchte. Seine Identifikation mit dem Produkt fehlt.

Beim Prozessorientierten Arbeiten spielt der Faktor Zeit eine andere Rolle. Das Kind verfügt selbst über seine Zeit. Es plant und gestaltet sie eigenverantwortlich. Es bestimmt den Zeitpunkt und die Dauer seiner Arbeitszeit. Es nimmt sich so viel Zeit, wie es benötigt. Es entscheidet was, wie, warum und wo es arbeitet und gestaltet. Dabei braucht es die Unterstützung eines Erwachsenen und die Gewissheit, dass es die Zeit hat, längere oder kürzere Wege beschreiten zu können und die Vorgehensweise, wie es seine Ziele erreicht, selbst wählen zu können. Dabei kommt es auch vor, dass eine angefangene Sache nicht zu Ende gebracht wird, weil der Prozess des Arbeitens und die daraus gewonnene Erkenntnis vom Kind als beendet angesehen werden und ihm als Ergebnis genügen.

Ein Adventskalender individueller Art: Verschiedenste Behältnisse bergen Überraschungen.

Bildung

Im plastischen und bildnerischen Gestalten wird das Ergebnis der geistigen und körperlichen Aneignung von Weltsicht fasslich. Der Ausdruck von Fühlen, Denken und Handeln wird durch Bilder und Objekte sichtbar. Es sind Erinnerungsbilder, die eine präzise Vorstellung von Welterleben, das stattgefunden hat, wiedergeben. Noch nach Jahren geben sie uns Auskunft über die Erfahrungen aus dieser Zeit. Bei den entstandenen Werken haben wir die gestaltete Auseinandersetzung eines Menschen mit sich selbst vor Augen. Wie bei einer Fotografie sehen wir eine Momentaufnahme, die uns aus der Erfahrung und Entwicklung eines Menschen in einem bestimmten Zeitraum erzählt. Es ist eine Art Selbstporträt. Von einem „Selbstporträt" können wir jedoch nur reden, wenn Ergebnisse und gestaltender Mensch im Augenblick des Entstehens authentisch sind. Diese Authentizität erhalten wir, wenn die eigene individuelle Arbeit als Entwicklung der eigenen Fähigkeiten gesehen und erprobt werden kann. Dabei braucht das schöpferische Kind die Bestätigung seiner Umwelt, damit es zu Selbstvertrauen gelangt und sich seiner Gestaltungskraft bewusst wird. Dabei braucht es die vorgegebenen Gestaltungsergebnisse und den falschen Erfolg eines erwachsenen Vordenkers nicht. Stattdessen tritt das Kind selbst neugierig und unvoreingenommen in die Welt und will sie sich Stück für Stück erobern. Dieses Eroberungsverhalten fordert Neugierde und intuitiv sucht es Zugang zu Wissen, forscht und erkundet, spielt und gestaltet und wird fündig. Es nimmt die Begleitung durch die Erwachsenen dieser Welt mit großer Lust in Anspruch. Der Erwachsene führt und begleitet das Kind bei seiner Welterkundung mit seinem Wissen und seinen Kenntnissen und lässt es daran teilnehmen.

Das Kind braucht einen Erziehenden,
- → der gemeinsam mit ihm seine Fähigkeiten entdeckt und fördert;
- → der seine besonderen Gestaltungsergebnisse gegen den Leistungsdruck von Eltern, „schöne Sachen" zu basteln, verteidigt;
- → der den Eltern einen Überblick über die Eigengesetzlichkeit der kindlichen Entwicklung bildnerischer Darstellungsweisen vermittelt und eine positive Haltung gegenüber den individuellen Gestaltungen des Kindes weckt;

- → der es davor bewahrt, die Verbindung zu seinem eigenen gestalterischen Tun zu verlieren, weil es durch produktorientiertes Arbeiten und dem daraus resultierenden Scheinerfolg die Ideen anderer höher bewertet als die eigenen;
- → der jede unverfälschte schöpferische Arbeit des Kindes als dessen Ausdruck und Mitteilungsmöglichkeit anerkennt und wertschätzt;
- → der ihm Anlässe zur Entdeckung und gestalterischen Auseinandersetzung mit der Kultur, in der es lebt, bietet, sodass es sich darüber seine Welt erschließen kann;
- → der ihm die Welt außerhalb dieser eigenen Kultur zeigt und ihm auch hier Möglichkeiten bietet, die Welt der anderen für sich zu erschließen;
- → der ihm Material, Raum, Zeit und Hilfestellung bietet, um seine unbestimmten Vorstellungen gestalterisch klären zu können.

Arbeiten mit der Spindelpresse.

Werkstoff Papier

Vom Papyrus zum Papier

Geschichte, historische Abläufe haben immer etwas mit Geschichten zu tun. In diesem Abschnitt gibt es etwas über die Geschichte der Entdeckung des Papiers zu lesen. Es ist sehr spannend und zeigt, wie sich durch eine Erfindung das Leben der Menschen verändert hat. Es sind Veränderungen, die auf den Ablauf des alltäglichen Lebens tief greifenden Einfluss nahmen und bis zum heutigen Tag jedermann betreffen. Ähnlich und sogar stärker, wie heute die Veränderungen des Internets auf den Ablauf des alltäglichen Lebens Einfluss nehmen und jedermann betreffen!
Können wir uns heute eine Welt ohne Papier überhaupt noch vorstellen? Früh am Morgen geht es zu Hause schon los mit der Verwendung von Papier: Zeitung, Kaffeefilter, Teefilter, Toilettenpapier. Im Laufe des Tages braucht der eine oder andere dann Papiertüten, Fahrkarten, Druckerpapier, Bücher, Geldscheine, Urkunden, Stadtpläne, Malpapier, Kalenderblätter, Plakate, Berge von Verpackungspapier usw.

Ein ursprüngliches Naturmaterial

Was hat das kunstvolle Werk eines Wespennestes mit Papier zu tun? Die kleinen Wespen zeigen uns bei ihrem Nestbau, wie und woraus ihr Meisterwerk entsteht. Die Nester dieser kleinen Insekten werden aus papierähnlichen, hauchdünnen Schichten gebaut. Aufbau und Leichtigkeit dieser Gebilde haben die Menschen beeindruckt und vielleicht zur Nachahmung angeregt. Der Stoff, den sie zu ihrem Nestbau brauchen, stellen die Wespen aus abgenagten Holzfasern, die sie mit einem speichelähnlichen Sekret verbinden, her. Sie bauen damit Schicht um Schicht ihres Nestes. Diese Schichten aus Faserbrei sind sehr leicht und sehen aus wie graues, hauchdünnes Papier.

Selbst wer nicht weiß, dass Wespen unter anderem zur Bestäubung von Pflanzen sehr nützlich sind und vielleicht nur den stechenden Schmerz eines Wespenstiches kennt, sollte Wespen beim Bau ihres Nestes beobachten. Es sind wahre Meister des Bauens.

Schicht eines Wespennests oder „Wespenpapier".

Entstehungsgeschichte

Wie bei vielen anderen nützlichen Errungenschaften waren es auch hier die Chinesen, die vor fast 2000 Jahren im Jahr 105 eine große Erfindung machten. Verschiedene Geschichten werden davon überliefert und eine davon lautet folgendermaßen. Bambus wuchs üppig in China und gehörte damals zu einem der Materialien, auf die man schrieb. Ein chinesischer Beamter, er hieß Ts'ai Lun, machte sich Gedanken, wie er das Beschreibmaterial aus Bambus, das er jeden Tag durch die Paläste schleppen musste, leichter machen könnte. Er experimentierte und fand eine Zusammensetzung, die im Lauf der darauf folgenden Jahrhunderte immer weiter entwickelt wurde. Er eilte zum Kaiser von China und teilte ihm mit, dass es ihm gelungen sei, aus Baumrinde, Hanf, alten Lumpen und Fischnetzen Papier herzustellen.

Was auch immer die Motivation von Ts'ai Lun gewesen sein mag, ob ihm die Akten zu schwer waren oder ob er auf Ruhm und Ehre hoffte, weiß keiner genau. Er hatte jedenfalls die geeigneten Rohstoffe gefunden, aus denen das Beschreibmaterial Papier gemacht werden konnte.

Aktion: Tonschrifttafel

Eine Tonschrifttafel wie sie die alten Babylonier schon hatten, lässt sich ganz einfach herstellen. Im Kapitel Erde, Sand und Ton wird näher auf das Material Ton eingegangen. Es wurde im Altertum in dünnen Platten als Schriftträger verwendet. Das ist heute noch nachzuvollziehen und lässt sich problemlos mit wenig Aufwand gestalten. Aus Ton werden dünne Platten geklopft. Damit ihre Oberfläche ganz glatt ist, werden sie wie Teig ausgewellt. Die fertigen Platten werden auf eine saugfähige Unterlage, ein kleines Brett oder einen dicken Karton gelegt und nun können Zeichen eingeritzt werden. Mit Bildern und Symbolen, Buchstaben oder Objektabdruck, bekannten oder erfundenen Zeichen hinterlassen wir eine Botschaft in Ton geritzt. Zum Ritzen in den noch feuchten Ton eignet sich eine Stricknadel, die zur Sicherheit bzw. als Schutz vor Verletzungen an einem Ende mit einem Korken versehen wurde. Auch mit einem Schaschlikstäbchen, einer Prickelnadel oder mit anderen relativ spitzen Gegenständen kann man gut auf feuchtem Ton schreiben. Ist der Ton getrocknet, müssen wir ausprobieren, welches der genannten Werkzeuge sich zum Ritzen eignet. Werden die Tontafeln mit einer dicken Tonwulst als Rand geformt, lässt sich das „Tondokument" mit Gips ausgießen und man erhält so einen negativen Abdruck.

Vorläufer des Papiers

Die Menschen der alten, hoch entwickelten Kulturen rund um das Zweistromland, die Babylonier, Sumerer, Phönizier und noch in den Anfängen ihrer Geschichte auch die Römer schrieben auf Stein und Tontafeln. Es muss vergleichsweise mühsam gewesen sein, die Stein- und Tontafeln zu beschriften, zu tragen, sie zu verwalten und zu lagern. Doch schon in der Antike musste man auf wichtige Aufzeichnungen und Dokumente zurückgreifen. Eine Steinbibliothek war sicherlich unübersichtlicher und schwieriger zu verwalten als heutige Bibliotheken. Deshalb überlegten sich nicht nur die Chinesen, wie man das Beschreibmaterial verändern könnte. Doch so revolutionär wie die Erfindung Ts'ai Luns waren die Verbesserungen nicht. Es wurde auf Bastfasern, Rinden, Metall und Holz und sogar auf Stoff geritzt, gemalt oder geschrieben. Manche dieser Materialien waren nicht besonders haltbar und deshalb weiß man nicht mehr genau, wann und wo sie zum ersten Mal verwendet wurden. Aber die Vorstellung und der Wille der Menschen, ihre Ideen, Pläne, Bilder und Gedanken festzuhalten und sie ihren Nachkommen nicht nur durch Erzählungen zu hinterlassen, trieb die Suche nach einem geeigneten Schreibmaterial voran. Auf der Suche danach gab es zwei weitere wesentlich Erfindungen: Pergament und Papyrus.

Papyrus klingt nach Papier

Woher kommt das Material Papier eigentlich? Papier wächst nicht an Bäumen, hat aber etwas mit Bäumen bzw. mit Pflanzen zu tun. Der Name Papier geht auf den Beschreibstoff Papyrus zurück, der aus dem Mark der Stängel der Papyrusstaude gemacht wird. In Ägypten wurde der Papier-Vorgänger Papyrus im 3. Jahrtausend v. Chr. erfunden. Die Papyrusstaude, aus der er hergestellt wurde, wuchs am Ufer des Nils. Sie wuchs üppig und die Herstellung und der Verkauf von Papyrusrollen war ein gutes Geschäft für den Pharao. Er allein hatte das Recht, mit Papyrus Handel zu treiben, er besaß das Monopol.
Wie wurde nun Papyrus verarbeitet, dass daraus dieser Beschreibstoff entstand, der dem Papier am ähnlichsten ist? Heute wie damals wird es in

der gleichen handwerklichen Technik hergestellt. Dazu schneidet man das Mark der Papyruspflanze in längliche Streifen und legt sie auf einer harten Unterlage nebeneinander. Als zweite Schicht werden quer zur ersten Lage weitere Papyrusmark-Streifen gelegt. Das Ganze wird befeuchtet, gepresst und mit einem Holz geschlagen. Ein stärkehaltiger Pflanzensaft tritt aus (auch der Saft von rohen Kartoffeln enthält Stärke), der die Pflanzenteile beim anschließenden Trocknen fest verbindet. Man weiß von Fundstücken aus der Antike, dass die so entstandenen Blätter zu Rollen à 20 Blatt in Kästen und Krügen aufbewahrt wurden.

Papyruspapier.

- **Aktion: Papyruspapier**
- Die Möglichkeit, aus Pflanzenstängeln Papier zu machen, ist einen Versuch wert. Papyrus ist eine Zimmerpflanze, die in der Gärtnerei, beim Floristen oder im Pflanzenmarkt gekauft werden kann. Sie lässt sich leicht vermehren. Die Krone der Pflanze wird abgeschnitten und umgekehrt – Stängel nach oben – in einen mit Erde gefüllten Pflanzkübel gesteckt. Als Sumpfpflanze braucht der Papyrus viel Wasser und einen warmen, frostfreien Standort, dann gedeiht er auch bei uns prächtig.
- Aber auch in unserem Kulturraum sind Gräser und Stauden heimisch, die man wie Papyrus bearbeiten kann. Gräser und Staudenstängel können gesammelt, wie oben beschrieben gespalten, befeuchtet und geschichtet, gepresst, geklopft und getrocknet werden. Dabei muss beachtet werden, dass keine giftigen Pflanzen gesammelt werden wie z. B. Schierling oder Herkulesstaude.
- Versuche mit Maisstängeln oder Maisblättern sind Erfolg versprechend, aber experimentieren steht an vorderster Stelle!

- Bei der Sammelaktion ist ein Pflanzenführer, den man bei sich trägt, von Vorteil. Zum einen kann man nachschlagen, welche Pflanzen giftig sind, zum anderen lernt man noch sehr viel mehr über die heimische Flora. Eine andere Möglichkeit ist, die getrockneten Pflanzenstängel zu zerreiben, z. B. zwischen Steinen. Die dabei entstehenden Fasern können beim Papierschöpfen dem Papierbrei beigegeben werden (siehe dazu das Kapitel „Papierschöpfen").

Der lange Weg des Papiers um die Erde

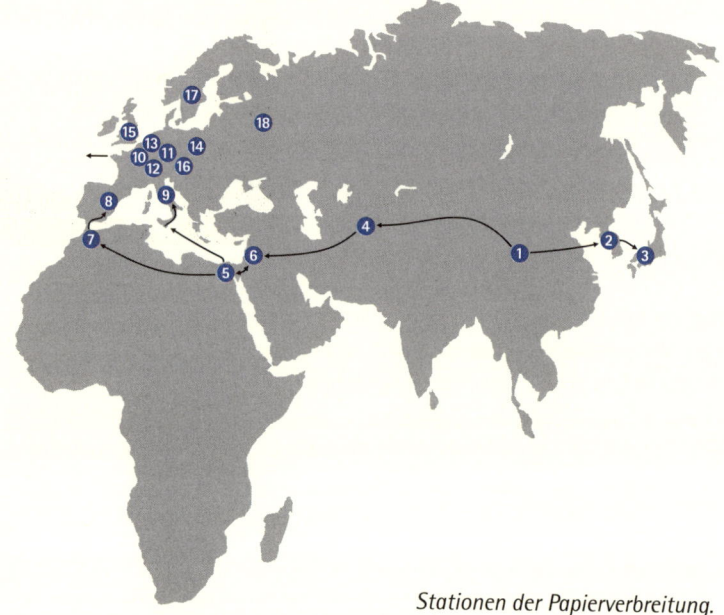

Stationen der Papierverbreitung.

Wie ging nun die Sache mit der Papiererfindung in China weiter? Wie man sich denken kann, wurde so eine gute Idee gehütet und im großen Land China lange Zeit als Staatsgeheimnis bewahrt. Nur durch Verrat, durch Kriege und den unaufhaltsamen Siegeszug der kriegerischen Araber durch Asien und weite Teile Europas wurde das Geheimnis schließlich doch weitergetragen.

Der Weg des Papiers ging zu Anfang des 10. Jahrhunderts von
→ Asien nach
→ Ägypten (Kairo 10. Jh.) und
→ Syrien (Damaskus 10. Jh.), etwas später nach
→ Nordafrika (Fez um 1100) und
→ Spanien (Xativa 1144).
Nun war das Papier in Europa angekommen und ging von
→ Italien (Foligno 1256) über
→ Frankreich (Troyes 1338) nach
→ Deutschland. Die erste Papiermühle wurde in Nürnberg im Jahre 1390 gegründet.

Aktion: Wandern auf dem Globus
Auf einem Globus kann der lange Weg, auf dem das Papier unterwegs war, bis es in Deutschland ankam, mit den Kindern nachvollzogen werden. Reisen gehört heute zum Erfahrungsschatz für viele Kinder. Der Globus zeigt, dass die Erde rund ist. Man kann die Strecken und Wege, die man auf einer Reise zurückgelegt hat, verfolgen. Papier hat einen sehr langen Weg hinter sich und es hat viele Jahre gedauert, bis diese Erfindung aus dem fernen China bei uns ankam.

Papier verdrängt Pergament

Pergament war in unserem Kulturraum die wichtigste Schreibgrundlage. Es besteht aus Tierhaut und kann beidseitig beschrieben werden. Gegen Ende des 14. Jahrhunderts wurde Pergament weitgehend vom Papier verdrängt. Und auch das hatte mit einer revolutionären Erfindung zu tun: dem Buchdruck. Johannes Gutenberg druckte zwischen 1452 und 1455 die ersten 180 Ausgaben seiner Bibel. Durch die Erfindung des Buchdrucks durch Johannes Gutenberg, der bewegliche, immer wieder verwendbare Lettern einsetzte, konnte das Wissen, das in Büchern stand und davor meist handschriftlich oder mühsam im Holzschnittverfahren festgehalten wurde, leichter vervielfältigt werden. Diese Erfindung war ein Meilenstein in der Weltgeschichte. Nicht umsonst wurde Johannes Gutenberg zum Mann des Jahrtausends gekürt. Schon lange zuvor waren die beweglichen Lettern in China bekannt, doch erst mit Gutenberg begann bei uns die Verbreitung dieses Verfahrens und damit die Möglichkeit, Wissen vielen Menschen „in die Hand" zu geben. Die Suche nach einem Beschreibstoff, der schneller, leichter und in größeren Mengen als Pergament herzustellen war, begann. Die Exklusivität des Wissensbesitzes verlor langsam, aber sicher an Bedeutung. Der Zugang zu Büchern und deren Besitz war nun für viele Menschen möglich und hat bis zum heutigen Tag eine bahnbrechende Entwicklung ermöglicht.

Der Buchdruck

Was es auch immer vor 1000 Jahren in Europa zu lesen gab, es war mit der Hand geschrieben worden. In vielen Stunden und Wochen wurden meist in klösterlichen Skriptorien von Schreibern die Texte auf Papier oder Pergament gebracht. Um das Jahr 1400 gab es dann die ersten Drucke, die von Holzschnitten stammten. Mit dieser Technik konnte man Bilder und kleine Texte mehrfach abdrucken. Dennoch war auch dieses Verfahren noch zu langsam und zu aufwändig, um damit Bücher oder lange Texte zu drucken. Johannes Gutenberg und sein Partner Peter Schöffer kamen beim Experimentieren mit Stempeln und Holzschnitten auf die geniale Idee, Buchstaben in eine weiche Metallplatte zu stanzen. Diese Metallplatte nennt man Matrize. Die gestanzten Formen wurden mit einem Metallgemisch ausgegossen. Nach dem Abkühlen konnten sie einzeln herausgenommen werden. Die einzelnen Buchstaben heißen Lettern. Aus diesen Lettern konnte man Wörter und Sätze zusammensetzen und beliebig oft drucken. Metall nutzte sich nicht so schnell ab wie Holz. Auch die Matrize ließ sich wiederverwenden. Der Buchdruck war erfunden und wurde ein bahnbrechender Erfolg. Die Buchdrucker waren für die Schreiber in den Klöstern, die Skriptoren, eine große Konkurrenz und es war mit sehr viel Angst verbunden, dass plötzlich durch das neuen Druckverfahren Bücher und Flugblätter unters Volk kommen könnten, die jedermann über die Welt und das Leben der Adligen und Kleriker aufklären würden. Es war ein Angriff auf die Macht der Herrschenden. Die Druckereien wurden streng überwacht und mancher, der zu drucken wagte, was er dachte, endete im Gefängnis oder sogar am Galgen. Aus dem einfachen Druckerhandwerk entstand bis zur heutigen Zeit eine hochtechnisierte und komplizierte Industrie. Bedrucktes Papier ist das erste Massenmedium, dem in den darauf folgenden Jahrhunderten neue Medien folgen sollten.

Kleiner Druckstock aus Holz mit Moosgummi-Motiv.

- **Aktion: Druckwerkstatt**
- Es ist ganz einfach, eine Druckerei einzurichten und selbst zu drucken. Wir brauchen nur das Wissen der ersten Handwerker aufzunehmen, um damit anzufangen. Unter einem Druck versteht man den Abdruck eines eingefärbten Gegenstandes auf ein Material. Der Gegenstand ist der Druckstock. Es gibt verschiedene Druckverfahren, um einen Abdruck auf Papier, Stoff, Holz, Folie oder einem anderen Material zu hinterlassen. Die bedruckten Materialien heißen Druckträger. Hochdruck heißt das Verfahren, bei dem mit einem Druckstock gedruckt wird, aus dessen Oberfläche Teile herausgeritzt, -geschnitten, oder -gesägt wurden. Dadurch entstehen erhabene (hoch stehende) und tiefer liegende Flächen. Das Objekt wird auf ein Stück Pappe oder ein Hölzchen aufgeklebt. Wenn die Oberfläche des Druckstockes nun eingefärbt und der Druckträger aufgedrückt wird, werden nur die erhabenen Flächen abgedruckt. Die tief liegenden Teile sind unbedruckte Leerflächen.
- Als Druckstock können verschiedene Gegenstände verwendet werden, auf die man Farbe auftragen kann und die beim Druck nicht zerstört werden, etwa Schlüssel, Büroklammern, Drähte, Fäden und Schnüre, Münzen usw.

- Es lassen sich aber auch Abdrucke von Naturmaterialien wie Blätter und Blüten oder Rinden und Stängel herstellen, die empfindlich sind und durch das Abdrucken zerstört werden.
- Ein Druckstock kann selbst bearbeitet werden. Dann ist nicht ein schon fertiges Objekt das Abbild, sondern die gestaltete Fläche. Als Material für den Druckstock eignen sich Kork, Gummi (aus alten Fahrrad- oder Autoschläuchen ausgeschnittene Motive), Filz, Styropor, Pappe, Holz, Linol usw.
- Grundsätzlich kann jede ebene Oberfläche bedruckt werden. Der am häufigsten verwendete Druckträger ist Papier. Auch Holz, Metall, Kork, Karton, Plastik und Stoff, Beton und Gips lassen sich ausgezeichnet bedrucken.
- Die Druckfarbe richtet sich nach dem Material, das wir bedrucken wollen. Geeignete Druckfarben für Kinder sind alle wasserlöslichen Farben: Wasserfarben, Plakafarben, Dispersionsfarben, Tusche und Linoldruckfarbe auf Wasserbasis. Die Farbe lässt sich mit Pinseln oder mit einer Druckwalze auf den Druckstock auftragen. Wird die Farbe mit der Walze aufgetragen, benötigt man eine Glasplatte oder eine glatte, beschichtete Platte, um die Farbe darauf auszuwalzen. Speziell für den Stoffdruck gibt es Stoffdruckfarbe.

Farbwalze mit Tablett und Farbflasche.

- **Aktion:** Memory-Spiel
- Auf je zwei Kärtchen wird derselbe Gegenstand abgedruckt. Beim Spiel werden die Paare durch Aufdecken und Finden zusammengebracht. Wer kann sich die Legeplätze am besten merken und somit beim Aufdecken die meisten

Paare bilden? Die identischen Gegenstände können auch in jeweils unterschiedlichen Farben gedruckt werden, dann wird das Spiel abwechslungsreicher.

Das Spiel kann auch als Ratespiel gespielt werden. Es wird gerätselt, welche Gegenstände abgedruckt sind. Leere Spielkarten, auf die gedruckt werden kann, gibt es im Handel zu kaufen. Alte Spielkärtchen, die eventuell aus nicht mehr kompletten Spielen vorhanden sind, können überarbeitet werden.

Aktion: 1000 Ideen für Drucke

Im Hochdruckverfahren lassen sich Einladungen, Glückwunschkarten, Plakate, Namensschilder, Flugblätter, Zeitungen, Bilder, Buntpapiere, Geschenkpapier, Stoffbeutel, Plaketten aus Holzscheiben, Papier- oder Stofftischdecken, T-Shirts und viele andere Sachen bedrucken. Jedes bedruckte Teil ist ein Unikat, jeder Abdruck wird anders. Und mit dem Bedrucken muss noch nicht Schluss sein – vieles lässt sich mit Farben ausgestalten oder mit anderen Materialien weiter verzieren.

Selbst gestaltetes Memory-Spiel mit einfachen Drucken.

Der Arbeitsplatz

Wir brauchen zwei Tische bzw. zwei verschiedene Arbeitsbereiche für den Druckbereich und den Materialbereich.

Die Tische werden abgedeckt, die unterste Schicht ist eine Plastikfolie, darauf liegt beim Drucktisch eine Unterlage aus mehreren Schichten Zeitungspapier. Zum einen ist der Untergrund dadurch nicht so hart und der Druckträger kann die Farbe beim Abdrucken besser abgeben, zum anderen lässt sich die Papierabdeckung Schicht um Schicht abnehmen, wenn beim Drucken Farbe auf die Unterlage gelangt ist. Die schmutzigen Papiere werden einfach zusammengeknüllt und in eine bereitgestellte Tonne geworfen. Das nächste zu bedruckende Teil würde sonst durch noch nicht getrocknete Farbreste verschmiert werden. Sauberkeit und Ordnung ist sehr wichtig in der Druckwerkstatt, deshalb müssen auch stets genügend saubere Lappen und feuchte Tücher bereitliegen. Hände müssen abgewischt, Pinsel trockengetupft oder ein Fleck weggewischt werden. Nach jeder Arbeit in der Druckwerkstatt muss das benutzte Material gereinigt werden, bevor die Farbe überall angetrocknet ist. Es gibt Farben, die nach dem Trocknen nicht mehr wasserlöslich sind, z. B. Plakafarbe oder Dispersionsfarbe. Wenn mit solchen Farben gearbeitet wird, sollte ein Glas Wasser auf dem Materialtisch stehen, in das die Pinsel gestellt werden, bevor sie eingetrocknet und hart geworden sind. Walzen und Druckplatten werden mit einem feuchten Lappen sauber gemacht, bevor die Farbe antrocknet.

In der Druckwerkstatt entstehen viele fertige Drucke und die Überlegung, wo sie trocknen können und wie der Trockenplatz aussehen soll, gehört zu den wichtigsten Vorüberlegungen. Meist ist nicht genügend Platz vorhanden, um die fertigen Werke liegend zu trocknen. Wenn alle Regale und Fensterbänke belegt, die Bodenfläche nur noch zu erahnen ist und alle von einer kleinen Freifläche zur nächsten hüpfen, ist es zu spät. Am besten werden die Drucke daher von Anfang an mit Wäscheklammern an eine Leine oder an Wäscheständer gehängt. Auf dem Drucktisch haben nur der Druckträger und der Druckstock ihren Platz, auf dem Materialtisch liegen nur das zu bedruckende Material und eventuell saubere Druckstöcke.

- **Aktion: Faltpapiere und Papiertischtuch**
- Die vielen bedruckten Papiere, die bei den Druckversuchen entstehen, lassen sich auf unterschiedliche Weise weiterverwenden. Sie können z. B. zu Faltpapieren geschnitten und zu kleinen Schachteln gefaltet werden, aus ihnen können Tischdekoration zu besonderen Anlässen (Papiertischdecken, Platzdeckchen aus Papier, Namensschildchen usw.) oder Karten und Briefumschläge werden. Mit selbst bedrucktem Papier packen wir Geschenke ein oder es entstehen einfach nur wunderschöne Musterbilder zum Anschauen ... Alle Einfälle, was aus selbst bedrucktem Papier entstehen könnte, werden im Ideenbuch festgehalten.

Monotypien

Es gibt Druckverfahren, die mehrere Abzüge ermöglichen. Aus dem Bereich der Flachdrucktechnik ist dies z. B. die Lithografie oder eine moderne Drucktechnik, die uns allen bekannt ist, die Fotokopie.
Auch die Monotypie ist ein besonderes Flachdruckverfahren, bei dem nur ein Originalabdruck entsteht. Kinder sind von dieser Technik besonders beeindruckt.

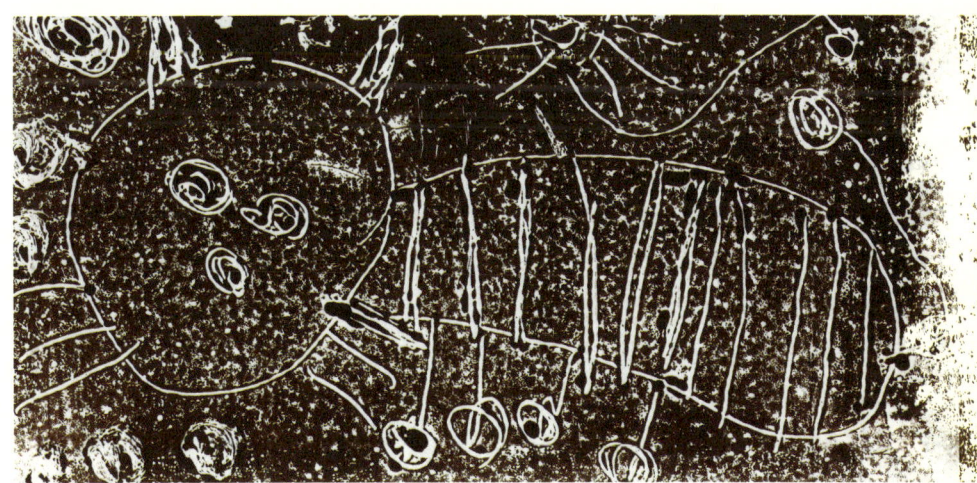

Weißlinien-Monotypie: Katze.

Aktion: Weißlinien- und Schwarzlinien-Monotypie
Eine Glasplatte oder eine glatte, mit Kunststoff beschichtete Holzpatte wird mit Farbe eingewalzt. Bei der Weißlinien-Monotypie werden nun mit einem Stäbchen Motive in die Farbfläche gezeichnet. Auf die noch nasse Farbe wird ein Bogen Papier gelegt. Mit einer Walze wird das Papier vorsichtig angedrückt und die Farbe überträgt sich auf das Papier. Vorsichtig abnehmen und trocknen lassen. Die gezeichneten Linien sind auf dem Druck ohne Farbe, also weiß. Die Motive erscheinen seitenverkehrt. Ein Phänomen, das bei allen Drucken zu beobachten ist.
Bei der Schwarzlinien-Monotypie wird das Papier sofort auf die ausgewalzte Farbfläche gelegt und anschließend mit Stiften oder mit den Fingern darauf gezeichnet. Dann wird das Papier vorsichtig von der Farbfläche wieder abgezogen. Die Stellen, an denen mit dem Finger oder einem Stift Druck ausgeübt wurde, haben die Farbe stark angekommen. Nun kann auf der Farbfläche noch ein zweiter Abzug gemacht werden, der dann eine Weißlinien-Monotypie ist.
Beim Experimentieren mit Monotypie-Drucken können Lappen, Bürstchen, Schwämmchen, Messer und Gabeln als Zeichenobjekte zum Einsatz kommen. Statt leerer Papierbögen können verschiedene andere Druckträger verwendet werden: bedrucktes Papier, Stoff, T-Shirt, Papier- oder Stofftaschen, Bretter usw.
Beim Experimentieren mit Schrift ist darauf zu achten, dass sich alles seitenverkehrt abbildet.

Blindenschrift auf Papier

Auf Papier lässt sich mit Stiften drucken, schreiben oder zeichnen. Diese Texte und Bilder können gelesen und betrachtet werden. Doch Papier lässt sich noch auf verschiedene andere Weise bearbeiten, sodass Papier sogar zum Zeichenträger für Menschen werden kann, die nicht sehen können.

Die Brailleschrift

Über die Erstellung eines Alphabets, bei dem Papier mit kleinen Perforationen versehen wird, gelang es dem 15-jährigen Louis Braille vor ca. 180 Jahren, eine Punktschrift zu entwickeln, die wir heute als Blindenschrift kennen. Auf den ersten Blick sieht dieses Alphabet aus wie eine Geheimschrift. Sehbehinderten und Blinden ermöglicht diese „Geheimschrift", Bücher und Zeitungen zu lesen und mit anderen Menschen „schriftlich" zu kommunizieren.

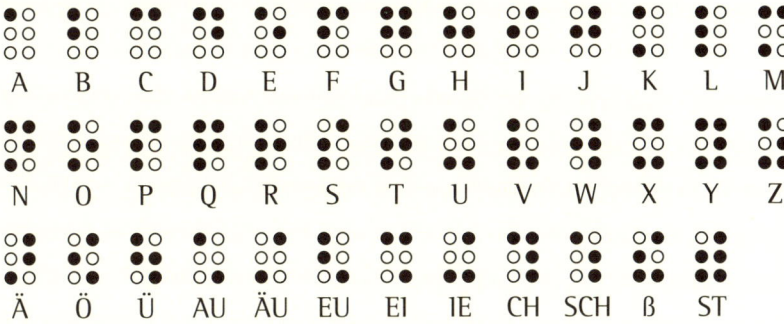

Die geprägten Zeichen der Braille-Schrift.

Das System von Louis Braille funktioniert aufgrund einer speziellen Anordnung von sechs Punkten, die erhaben sind und ertastet werden können. Louis Braille erblindete als Kind, er verletzte sich mit einer spitzen Ahle beim unvorsichtigen Spielen und es war ein schreckliches Unglück für ihn und seine Familie. Mit einer Ahle entwickelte er dann auch die Lochschrift, die wir Blindenschrift nennen. Sie ist heute weltweit verbreitet und ermöglicht vielen blinden Menschen, an Wissen und Information teilhaben zu können.

- **Aktion: Perforationen**
  Auf einem Blatt Zeichenpapier oder dünnem Karton wird eine Linie gezogen. Mit der Prickelnadel stechen wir an dieser Linie entlang kleine Löcher. Es entsteht eine Perforation. Auf der einen Seite des Papiers gibt es Vertiefungen, auf der anderen kleine, kraterähnliche Erhebungen. Mit geschlossenen Augen wird nun die Linie ertastet und verfolgt. Die erhabenen Stellen

- sind einfacher zu spüren als die Vertiefungen. Auf diese Weise lassen sich Zeichen und Symbole ins Papier einarbeiten. Statt mit einem Stift wird mit einer Prickelnadel, einer Stricknadel (mit einem Korken als Schutzvorrichtung auf der Rückseite versehen) oder einer dicken Nadel, die ebenfalls eine Schutzkappe aus Kork trägt, „gezeichnet" und „geschrieben". Diese Lochzeichen können frei erfunden sein. Mithilfe des Tastsinns können sie erfasst und interpretiert werden. Werden allgemein bekannte Zeichen verwendet, z. B. Buchstaben oder Zahlen, so lassen sie sich durch Tasten entziffern, sie können gelesen werden. Der Code wird dechiffriert.

Spuren auf und im Papier

Wir können die geschlossene Oberfläche von Papier verändern. Mit Werkzeugen wie der Prickelnadel, Scheren, Nadeln, Küchenmessern, Gabeln, Drähten oder alten Kugelschreibern können wir schaben, kratzen, ritzen, perforieren. Mit einem Locher lassen sich nicht nur kleine Löcher, sondern durch Aneinandersetzen der Ausstanzungen ganze Figuren und Flächen entfernen. Diese technischen Experimente verändern die Oberfläche von Papier. Sie ist nicht mehr nur glatt und flächig, sie wird rau und plastisch. Wir können die Veränderung nicht nur sehen, wir können sie ertasten, spüren. Die raue Oberfläche ist durch Licht und Schattenwirkung nun auch nicht mehr nur weiß, sondern mit grauen oder schwarzen Schattenlinien durchzogen. Bringen wir nun noch zusätzlich Farbe ins Bild, erweitert sich die Aussagekraft der rauen Oberfläche. Diese Experimente lassen sich sehr gut auf Kartonoberflächen durchführen oder auf dickerem Zeichenpapier.

- **Aktion: Tast-Memory und Tastbuch**
Statt mit Farbe und Stift Bildinformationen optisch zu hinterlassen, gibt es also auch die Möglichkeit, die Papieroberfläche zu verändern. Mithin lässt sich ein Tastspiel, wie z. B. Memory, oder ein Tastbuch entwickeln. Beim Memoryspiel kommt es darauf an, stets zwei „gleiche" Kärtchen zu finden, also müssen immer zwei gleiche oder sehr ähnliche hergestellt werden. Im Tastbuch wird die Geschichte, die erfunden und zu Papier gebracht wird,

- in der Oberfläche des Papiers durch Ritzen, Schaben, Stanzen, Perforieren oder Lochen gestaltet. Eine andere Möglichkeit, als mit einem Stift zu schreiben. Mit den Fingerspitzen versuchen wir tastend zu lesen und aus dem Ertasteten entziffern wir die Geschichte.

Papier heute

Im 19. Jahrhundert begann das Zeitalter der Industrialisierung und auch die Papierherstellung blieb davon nicht unberührt. Louis-Nicolas Robert (1761–1828) war der Erfinder der Papiermaschine. Viele Entwicklungsstufen liegen zwischen der ersten Maschine von damals und der High-Tech-Papiermaschine der heutigen Zeit. Je nach Bedarf wird für das gewünschte Papier aus den unten genannten Hauptzutaten und viel Wasser der Papierbrei vollautomatisch gemischt und auf ein Endlossieb der Papiermaschine gebracht. Die Pulpe tropft ab und die „Endlos-Papierbahn" wird gepresst, getrocknet, geglättet und auf großen Rollen aufgerollt.

Modell der ersten Papiermaschine nach den Plänen von Louis-Nicolas Robert.

Wozu heute noch Papier?

Durch die Vermittlung von Informationen durch Radio, Fernsehen, Computer, Internet und per Handy können viele Menschen schon auf die traditionellen Möglichkeiten der gedruckten Informationen auf Papier verzichten. Vor allem junge Menschen nutzen diese neuen Medien. Trotzdem ist Papier auch heute noch ein unverzichtbares Alltagsmaterial. Man braucht Papier, denn nur so kann man
→ in Büchern schmökern,
→ schön bemalte Karten und Briefe schreiben,
→ zeichnen, skizzieren, malen mit Farbstiften oder Pinsel und Farbe,
→ Collagenbilder zusammenstellen,
→ Notizen kritzeln und vieles andere mehr.

Papier und seine Eigenschaften

Die Erscheinungsweisen und die Eigenschaften von Papier sind sehr vielfältig und entscheiden über seine Beschaffenheit, Qualität und Verwendung. Zur Papierherstellung werden hauptsächlich Zellstoff, für hochwertige Papiere auch Lumpen (Hadern) verwendet. Je nach Zusammensetzung und Ausrüstung (Nachbearbeitung) des Papiers ist es
→ leicht oder schwer,
→ dick oder dünn,
→ spröde oder geschmeidig,
→ glatt oder gekörnt,
→ dicht oder porös,
→ durchsichtig oder undurchsichtig,
→ matt oder glänzend,
→ dicht oder saugfähig usw.

Dazu kommt, dass Papier farbig sein kann. Feinst abgestufte Farbtöne sind möglich. Weiß beispielsweise ist nicht einfach nur ein Weiß, es gibt unterschiedlichste Schattierungen. Je nach Papierart und Tönung des Weiß spielt es ins Bläuliche, ins Gelbliche oder in eine andere Farbrichtung.

- **Aktion: Papiersammlungs-Leporello**
  Erkenntnisse über Gesetzmäßigkeiten und Eigenschaften von Papier lassen sich unter anderem beim Einkaufen, Lagern und vor allem beim Verarbeiten von Papier gewinnen. Ein erster Schritt, die Vielfalt der Erscheinungsweisen von Papier kennen zu lernen, ist eine Sammlung der Papiere, die weit verbreitet sind und täglich verwendet werden. Kleine Papierproben, die über die Eigenschaften des jeweiligen Papiers Auskunft geben, werden in ein kleines Büchlein eingeklebt. Das Büchlein kann z. B. ein langer Streifen Schreibpapier sein, der wie ein Leporello im Zickzack gefaltet wird. Das Leporello wird so zum beidseitig verwendbaren Dokumentationsbuch. Beim Herstellen eines Leporellos ist darauf zu achten, dass der erste Falz von einer Schmalseite zur anderen äußerst genau im Winkel und scharf gefaltet sein muss. Danach wird ohne zu messen weitergefaltet. Jeder Falz kommt genau senkrecht über den darunter liegenden, wobei im Zickzack gefaltet, der Papierstreifen also immer gewendet wird. Es können viele Papierstreifen aneinander geklebt werden, sodass das Leporello jede gewünschte Länge annehmen und eine Vielzahl von Papiermustern aufnehmen kann.

Leporello-Skizzenbuch zum Sammeln von Papieren.

Kleine Papierkunde

Papier wird in verschiedene Kategorien eingeteilt. Ein wichtiges Kriterium dabei ist das Gewicht. Bei allen Papieren, Kartons und Pappen wird das Flächengewicht in Gramm pro Quadratmeter angegeben (g/m²).
→ Bis 225 g/m² spricht man von Papier.
→ Von 150 bis 600 g/m² spricht man von Karton.
→ Über 225 g/m² spricht man von Pappe.

Das Gewicht lässt Schlüsse auf die Qualität und Verwendbarkeit des Papiers zu. Schwere Papiere eignen sich für Reliefarbeiten und plastische Aufgaben besser als leichte und meist billigere Papiere. Die leichteren Papiere eignen sich besser zum Drucken, Malen und Zeichnen.

Einen weiteren Einfluss auf die Qualität des Papiers hat die Verleimung. Leimstoffe im Papier haben die Aufgabe, die Saugwirkung des Materials aufzuheben. Schwach geleimte Papiere saugen besser und eignen sich deshalb gut für Druckarbeiten.

Aktion: Papier-Anregungen

Die im Folgenden genannten Papiere sollten den Kindern im Gestaltungsmaterialangebot zur Verfügung stehen. Alle diese Papiere sind aus dem Recyclingbereich und können unentgeltlich angeschafft werden. Sie müssen nur gesammelt, sortiert und aufbewahrt werden. Wenn die verschiedenen Papiersorten und -qualitäten präsent sind, ergeben sich viele Gestaltungsanregungen allein aus dem Materialangebot. Eine Kiste mit Resten aller Papiersorten ist eine kleine Schatzkiste und fordert vor allem die ganz Kleinen zum Schneiden, Reißen und Kleben heraus.

Zeitschriftenpapiere

Zeitschriftenpapiere (Illustrierte, Kataloge), auch Hochglanzpapiere genannt, sind kunststoffbeschichtete Papiere. Sie enthalten meist schwermetallhaltige Pigmente, ungeleimt bis stark geleimte Oberflächen, je nachdem stark saugfähig bis wasserabweisend.

Dieses Papier findet man in den unterschiedlichsten Farbtönen und kann die Sammlung farbiger Papiere bereichern. Es wird in Schnipsel gerissen und nach Farben sortiert. Die bunten Schnipsel werden in unterschiedlichen „Farbkisten" aufbewahrt und für geklebte Farbbilder verwendet. Grüntöne zum Beispiel für Blätter von Bäumen oder Gras, für das grüne Gewand eines Vogels, einer grünen Decke usw.

Kalenderpapier

Kalenderpapier ist ungeleimt bis stark geleimt. Mit Wachsstiften oder Filzstiften lässt sich wunderbar in bereits vorhandene Bilder malen. Landschaftsbilder können mit Tieren oder Häusern ergänzt oder nach Belieben verändert werden. Die Festigkeit und die schönen Farben lassen dieses Papier auch sehr gut als Faltpapier zur Geltung kommen. Faltschachteln, in denen sich allerlei Schätze aufbewahren lassen, kann man nie genug haben.

> **Aktion: Papierperlen**
> Aus Zeitschriftenpapieren und nicht zu dicken Kalenderpapieren lassen sich die schönsten Perlen selber machen. Man schneidet Streifen und wickelt sie ganz eng um ein feines, rundes Stäbchen (Zahnstocher). Für Zylinderperlen gerade Streifen, für die bombierten längliche Dreiecke schneiden. Während des Einrollens wird das Papier mit Kleister bestrichen. Wer es gern glänzend hat, lackiert die Perlen nach dem Abnehmen vom Hölzchen noch mit einem farblosen Lack. Beim Auffädeln der Papierperlen zu einer Kette wird zwischen den Perlen immer ein Knoten gemacht, damit sie ihre Position behalten.

Papierperlen aufgefädelt zu einem bunten Vorhang.

Geschenkpapier

Geschenkpapier ist ungeleimt bis stark geleimt. Mit Geschenkpapierschnipseln lassen sich beispielsweise ausgepustete Eier bekleben. Eine Arbeit, die nur Kleister und Schnipsel erfordert. Mit den dünnen Papieren lassen sich auch Fensterbildcollagen anfertigen. Die Fensterbildcollagen lassen sich einfach wieder entfernen, indem das trockene Papier wieder mit Wasser gelöst wird.

Tapeten

Tapeten, unbeschichtet, unbedruckt bis beschichtet oder als Relief geprägt. Die langen Tapetenbahnen fordern geradezu dazu auf, Räume und Gegenstände zu verkleiden. Es wird verpackt oder versteckt, Alltägliches bekommt ein Tapetengesicht. Mit Tacker oder großen Nadeln und Schnur oder Faden lassen sich die Enden dieses stabilen Papiers verbinden.
Tapetenmusterbücher sind dick und schwer. Sie eignen sich sehr gut dazu, in ein Fotoalbum umgewandelt zu werden. Mit Farbe und anderem Papier wird auf die Tapetenmuster gemalt und geklebt. Fotos können eingeklebt werden, Zeichnungen ergänzen sich mit den Mustern usw. Ein dickes Album für die Gruppe entsteht.

- **Aktion: Papierhüllen**
- Nicht nur Dinge werden eingewickelt, wir wickeln uns selbst ein bzw. lassen uns einwickeln. Die um uns gewickelten Schichten aus Tapetenpapier bilden eine Hülle, die mit Kreppklebeband zusammengehalten wird. Spiralförmig von oben nach unten umwickelt, gibt das Klebeband dem Papierkleid zusätzlich Stabilität. Nachdem wir dem Kleid durch einen langen Schlitz entschlüpft sind (mit der Schere vorsichtig einen langen, durchgehenden Schnitt machen und anschließend die offene Stelle wieder mit Klebeband schließen), verzaubern wir mit Farbe, Bändern und Litzen, Kreppapierstreifen und Seidenpapierblumen, ausgeschnittenen Bildern aus Zeitschriften und Knöpfen, bunten Perlen und Schneckenhäusern usw.
- das neue Gewand.

Auch Faschingskostüme oder Theaterkleider lassen sich aus Papier herstellen. Statt Tapetenpapierrollen kann auch dünneres Restrollenpapier aus der Druckindustrie benutzt werden.

Papierkörperhüllen, etwa Hosen, können in einer gemeinsamen Verhüllungsaktion entstehen. Zuerst werden die Beine mit Papier eingewickelt und mit Kreppklebeband umklebt, dann wird die Papierhülle vorsichtig an den „Längsnähten" aufgeschnitten, sodass man der Hülle wieder entschlüpfen kann. Die aufgeschnittenen Nähte werden mit Kreppklebeband wieder verschlossen und die Hülle wird bemalt.

Bunt bemalte Hosen-Hüllen aus Papier.

Zeitungspapier

Zeitungspapier ist stark saugfähig, ungeleimt und beidseitig meist einfarbig bedruckt. Es ist der „Alleskönner" unter den Papieren. Es lässt sich verwenden
→ als Grundmaterial für das Papierschöpfen oder Papiermaschee,
→ zum Kaschieren (überdecken, verkleiden),
→ als großformatige „Leinwand". Dazu werden drei bis vier Schichten Zeitungspapierbogen mit Kleister eingestrichen und in langen Bahnen zusammen und übereinander geklebt. So entstehen großformatige Untergründe, auf die mit dicken Pinseln und flüssiger Farbe Selbstporträts in Lebensgröße, Landschaften, hohe Bäume, große Tiere usw. gemalt werden können.

Aus Zeitungspapier können auch Papierkleider oder Hüte gemacht werden, mit zusammengeklebten Zeitungspapierbahnen lassen sich Räume unterteilen oder große Plakatwände, Papierröhren und -tunnels usw. gestalten. Zeitungspapierstapel, die mit einer Schnur umwickelt werden, können als Sitzgelegenheit, Tisch oder Präsentationsfläche verwendet werden.

Aktion: Malen auf Distanz
Eine ganz besondere Malweise ist das Malen mit dem verlängerten Pinsel. Einen Pinsel an einem Stock mit Klebeband befestigen oder einen Lappen um den Stock wickeln und verknoten. Der Stock sollte etwa armlang sein, nicht länger. Die Distanz zwischen Hand und Malgrund ist nun so weit, dass sich eine sehr großzügige Malweise ergibt. Dass man nun mit einer oder mit zwei Händen arbeiten kann, findet jeder Maler bald heraus!

Krepppapier

Krepppapier ist ungeleimt und stark saugfähig. Es färbt sehr intensiv, wenn es mit Wasser in Verbindung kommt. Kleine Schnipsel eignen sich beim Papierschöpfen als Zusatzmaterial, das die Pulpe einfärbt. Die Krepppapier-Schnipsel können auch in die Gipsmasse eingestreut werden und um das Papier herum bilden sich bunte Farbschichten.
Die Eigenschaft des starken Färbens in Verbindung mit Wasser fordert experimentelles Arbeiten mit den Materialien Wasser und Krepppapier heraus:
→ Papierstreifen aufkleben und mit Wasser und Pinsel Farbauflösungen und -verläufe bewirken.
→ Krepppapier mit Kleister überstreichen und die sich lösenden Farben auf einem saugenden Papier abdrucken. Farbschlieren lassen Fantasiebilder entstehen.

Packpapier

Packpapier ist in der Regel sehr reißfest, zäh, die Oberfläche ist verleimt, ihre Struktur ist entweder rau oder glatt. Packpapier gibt es in verschiedenen

Farben, das braun gefärbte findet jedoch am häufigsten Verwendung. Es wird als Verpackungsmaterial eingesetzt und ist als Abfallprodukt leicht und unentgeltlich zu beschaffen. Also: Augen auf und sammeln! Große Formate lassen großzügige Arbeiten zu, zum Beispiel eine Fahne. Packpapier ist in Bogenformat oder als Rolle erhältlich.

Papieraufbewahrung

Papier sollte liegend entweder in Schubladen oder in Fächern gelagert werden. Die Stapel sollten nicht zu hoch sein, denn Papier ist schwer und knittert leicht. Gerolltes oder zerknülltes Papier wird wieder glatt, wenn es ausgelegt und beschwert wird. Papier nur an trockenen Orten und vor Licht geschützt lagern. Papier kann auch in Mappen liegend aufbewahrt werden.

Aktion: Große Mappen

Aus Kartons und Schachteln, gebrauchtem Verpackungsmaterial, machen wir große Mappen, um z. B. die Zeichnungen und Bilder der Kinder darin aufzubewahren. Dazu wird die Schachtel wie ein Faltbogen auseinander gemacht. Dabei beachten wir die bereits vorhandenen Knicke und nutzen sie. Durch geschicktes Zuschneiden können wir nun Laschen, Boden und Deckel aus der vorhandenen Schachtel schneiden.

Papierformate

Der Bedarf von immer mehr Brief-, Druck-, Schreib- und Zeichenpapieren ließ im vorigen Jahrhundert um ca. 1920 den Entschluss reifen, Papier in genormten Formaten herzustellen und zu verkaufen. Damit wollte man die Produktionskosten für Papierprodukte senken und die Handhabungen des täglichen Lebens vereinfachen. Der Urformatbogen – DIN A0 (DIN= Deutsche Industrie Norm) – ist Ausgangspunkt für alle DIN-Formate. Er hat die Seitenlängen von 841 x 1189 mm und ist die in ein Rechteck umgewandelte Fläche eine Quadratmeters. Somit hat er auch immer das Quadratmetergewicht (g/m2) eines Papiers. Durch Halbieren aller DIN-Formate ergibt sich das jeweils nächstkleinere Format, das genau die Flächenhälfte des vorherigen Formates ist. Der DIN-A0-Bogen ergibt, viermal rechtwinklig über die Langseiten gefaltet, das DIN-A4-Blatt, das wir zum Beispiel als Schulheft oder Schreibmaschinenpapier als gängigstes Format kennen. Ein Briefbogen DIN A4 zur Hälfte gefaltet ergibt so das Format DIN A5.

Papiergrößen nach DIN (Deutsche Industrie Norm).

Aktion: Aus Alt mach Neu

Ein besonderes Buchobjekt, bei dem Erfahrungen mit den unterschiedlichsten Arten und Sorten von Papier, aber auch mit verschiedenen Gestaltungstechniken und (Natur-)Materialien gemacht werden können.

Ein bereits bedrucktes Buch wird umgestaltet. Für ältere Kinder ist es reizvoll, ein Buch, das schon fertig ist, noch einmal neu zu machen. Viele nichtgelesene, ausgelesene oder schon leicht beschädigte Bücher brauchen ihren Weg nicht im Altpapier zu beenden. Solche schon fertig gebundenen Werke sind eine wundervolle Grundlage, um ein völlig neues Buch daraus zu gestalten. Auf die vorhandenen Seiten kann gedruckt, gemalt, geklebt und geschrieben werden. Seiten werden zusammengeklebt, um dickere Blätter zu haben, Guckfenster eingeschnitten und Bilder dahinter geklebt. Buchprojekte, die mit älteren Kindern für jüngere durchgeführt werden können, sind z. B. Naturbücher, Kochbücher, Bilderbücher, Geschichtenbücher.

Für das Naturbuch beispielsweise werden verschiedene Blätter gesammelt und gepresst, eingeklebt, abgemalt und abgedruckt. Tiere des Waldes, des Himmels und des Wassers finden Platz. Sie werden aus Zeitschriften ausgeschnitten und eingeklebt. Pilze und Beeren werden fotografiert und die Bilder eingeklebt, Heidelbeeren werden ausgepresst und wir experimentieren damit, wie die Farbe aussieht und ob wir sie vielleicht mit Kleister oder anderen Bindemitteln vermischen können.

Es gibt viele gestalterische Lösungen, ein Natur-Buch zu machen. Wesentlich sollte dabei sein, dass nur Abbildungen und Originalobjekte Platz finden, die die Kinder kennen.

Papier schöpfen

Papierschöpfen ist eine sehr nasse Angelegenheit und im geschlossenen Raum dementsprechend mit viel Putz- und Aufräumarbeit verbunden. Viele Arbeitsschritte sind notwendig, wofür entsprechend viel Platz gebraucht wird. Es empfiehlt sich also grundsätzlich, diese Aktion im Freien stattfinden zu lassen, denn oft sind die Räume nicht groß genug, um alle Kinder gleichzeitig arbeiten zu lassen, die Bodenbeläge sind empfindlich und müssen aufwändig mit Folien und Papierbahnen geschützt werden und die aufgebaute „Arbeitsstraße" kann meist nicht über einen längeren Zeitraum stehen bleiben.

Der Rohstoff und seine Aufbereitung

Einmal mehr ist bei der gestalterischen Arbeit des Schöpfens der preiswerteste Grundstoff – „die Zeitung vom Vortag" – das Ausgangsmaterial. Zeitungspapier ist kein sehr hochwertiges Papier. Seine Funktion: nur für einen kurzen Zeitraum Informationsträger sein. Dann wird es zum Wegwerfmaterial. Kostenlos steht es in großen Mengen zur Verfügung.

In großen Eimern werden Zeitungen etwa 3 Tage lang in Wasser eingeweicht. Das Papier weicht völlig auf und wird nun in Stücke zerrissen. Papierbrei, auch Pulpe genannt, ist es aber noch nicht. Dazu muss dieses Papier erst noch gemixt werden, z. B. mit einem Zauberstab oder in einem Mixglas oder für große Mengen mit einem großen Rührgerät, das sonst im Handwerk zum Mischen von Zement eingesetzt wird. Es muss viel Wasser mit wenig Material vermischt werden. Die Pulpe ist eine Faserstoffaufschwemmung, die zu etwa 99 Prozent aus Wasser und zu 1 Prozent aus Fasermaterial, hier also altem Zeitungspapier, besteht.

Die fertige Pulpe wird in Bütten gegossen, so werden die Schöpfwannen der Papierschöpfer genannt. Die Papierteilchen schweben im Wasser und werden, um eine gute Vermischung zu garantieren, jedes Mal vor Eintauchen des Schöpfrahmens mit der Hand umgerührt. Je feiner der Faserbrei, umso dünner wird das Papier.

Wasser und Papierschnipsel werden zur Pulpe vermischt.

Die Schöpfform

Die Schöpfform besteht aus zwei gleich großen Teilen. Davon ist eines, das Schöpfsieb, mit einem Sieb (z. B. Fliegengitter) bespannt, während das andere, der Schöpfrahmen, eine Dichtung aus Isolierband hat, damit die Pulpe nicht ausfließt. Diesen zweiteiligen Rahmen kann man entweder schon als fertiges Produkt kaufen oder mit wenig Aufwand selbst herstellen.

Das Schöpfen

Beide Rahmenteile werden aufeinander gelegt und senkrecht in die Pulpe eingetaucht. Sie werden dann waagrecht gekippt, dass sich eine gleichmäßige Schicht auf dem Sieb absetzen kann. Vorsichtig wird die Schöpfform daran anschließend wieder aus der Pulpe herausgeholt. Die kleinen Papierteilchen (Fasern) werden durch leichtes Schütteln des Rahmens, während das übrige Wasser abtropft, ineinander verfilzt. Es entsteht ein Vlies.

Der Schöpfrahmen wird langsam aus der Pulpe herausgehoben.

Das Abgautschen

Nach dem Arbeitsgang des Schöpfens, bei der das nasse Papiervlies mit dem Schöpfrahmen aus der Pulpe gehoben wird, folgt das Abgautschen, Pressen und Trocknen. Beim Abgautschen wird das frisch geschöpfte Vlies auf einen textilen Untergrund abgelegt, indem der Schöpfrahmen gestürzt wird. Die faserige Unterlage (die aus Filz- oder saugfähigen Baumwolllappen besteht) nimmt das noch inhomogene Blatt auf und das Sieb wird nach oben abgenommen. Anschließend wird das entstandene Papiervlies mit einem Tuch abgedeckt und die nächste Schicht darauf abgegautscht. Der so entstehende Papiervlies-Gautschfilz-Stapel heißt Pauscht.

Das Pressen, Abnehmen und Trocknen

In den gestapelten Blättern ist noch sehr viel Wasser, das herausgepresst werden muss. Dazu nimmt man eine Spindelpresse oder man behilft sich mit zwei Brettern, die auf den Pauscht gelegt werden. Zwei bis drei Kinder stellen sich auf die Bretter, um so viel Wasser wie möglich herauszupressen. Die anschließend Lage für Lage aus dem Pauscht abgenommenen, grauen oder bunten, noch nassen Papiere werden zum Trocknen an eine Leine gehängt.

Das Papiervlies wird auf den Pauscht abgegautscht. Tücher, die zwischen die frisch geschöpften Vliese gelegt werden, nehmen das Wasser auf.

- **Aktion: Ideen mit selbst geschöpftem Papier**
Der graue Brei aus Zeitungspapier, der die Pulpe zum Schöpfen liefert, kann auch mit Farbe, mit Blättchen und Blüten, Sägemehl oder Heu angereichert, mit Wasserzeichen geschöpft (Symbol aus Draht ins Schöpfsieb einarbeiten), zweifach in verschiedenen Farben aufeinander gegautscht, mit einem runden, selbst gemachten Sieb geschöpft oder in anderen „papierschöpferischen" Erscheinungsformen gestaltet werden. Aus der Grunderfahrung und dem beim Schöpfen erworbenen Wissen lassen sich viele kreative Prozesse entwickeln.
Ideen dazu oder Erfahrungen darüber lassen sich im Ideenheft festhalten. Auch ein kleines, individuell gestaltetes Papierbüchlein mit den selbst geschöpften Papieren kann realisiert werden. Die Seiten werden entweder mit einem Tacker zusammengefügt oder gelocht und dann mit einem Faden zusammengebunden. Vielleicht lassen sich dünnere Papier auch (evtl. mit der Nähmaschine) zusammennähen – dem Erfinden neuer Verbindungstechniken steht nichts im Wege. Das fertige Büchlein kann als Malbüchlein, ein Schreibbüchlein, Fotoalbum, Bilderbuch usw. verwendet bzw. weitergestaltet werden.

Ein Buch aus selbst geschöpftem Papier, zusammengehalten von einem Bindfaden.

- **Aktion: Besuch in der Papiermühle**
- Erkundigen Sie sich, ob es in der Umgebung Ihrer Stadt eine Papiermühle
- oder ein Papiermuseum gibt. Ein Besuch lohnt sich. Oft sind Modelle oder
- Originalmaschinen und Produkte zu sehen. Zum Beispiel wird in der
- Papiermühle Basel den Besuchern der Vorgang des Papierschöpfens nicht
- nur gezeigt, jedermann kann es auch selbst probieren und sein Papier mit
- nach Hause nehmen. Kinder sind von solchen Orten begeistert und eine
- Exkursion ins Museum ist ein großartiges Erlebnis. Museen sind Orte, die
- besucht werden wollen; dort befinden sich Geschichten von Menschen für
- Menschen.

Papiermaschee

Pappmaschee oder Papiermaschee – das Wort kommt aus dem Französischen – bedeutet Papierteig oder auch gekautes Papier. Wir sind also wieder beim zerfaserten Papier, dem gleichen Ausgangsstoff, den wir zum Papierschöpfen brauchen. Er eignet sich auch zum Modellieren; dazu muss er nur entwässert und mit Kleister vermischt werden, dann entsteht eine modellierbare Masse zum Gestalten.

Arbeitsplatz und Ausgangsmaterial

Der Arbeitsplatz zum Arbeiten mit Papiermaschee sollte großflächig, die Oberfläche glatt und gut abzuwischen sein. Wenn kein Waschbecken im Zimmer ist, sollte ein Eimer mit Wasser zum Reinigen des Tisches und der Hände bereitstehen.

Wasser, Papier und Kleister sind das Mindeste, was man zur Papiermascheeherstellung benötigt. Das Papier wird zerkleinert und eingeweicht. Aus Zeitungspapier, Eierkartons oder Küchenkrepp lässt sich besonders gutes Grundmaterial herstellen.

Der Papiermaschee-Brei

Mehrere Bogen Zeitungspapier werden etwa 3 Tage in Wasser eingeweicht. Das nasse, weich gewordene Papier lässt sich dann leicht in kleine Stücke reißen. Die Papierfetzen vermischt man mit Wasser. Kleine Mengen Papier und die etwa fünffache Menge Wasser werden in einem Eimer mit dem Mixer oder einem Zauberstab zu einer feinen Papier-Wasser-Mischung verarbeitet. Die Menge des zu mixenden Materials darf nicht zu groß sein, sonst ist der Motor des Mixers schnell überfordert und läuft heiß. Die entstandene Masse wird in ein Haarsieb gegeben und der zurückbleibende Papierbrei mit Kleister zu kleinen Knödeln verknetet. Wenn zu viel oder zu dünnflüssiger Kleister verwendet wird, sind die Papierknödel an der Oberfläche zu klebrig. Dann muss einfach noch einmal mit mehr Papiermasse ohne zusätzlichen Kleister durchgeknetet werden.

Diesem „Grundrezept" des Papierbreis können noch Zusätze beigegeben werden. Die so entstehenden Papiermaschee-Massen können sehr unterschiedlich ausfallen: Experimentieren ist angesagt und jeder kann seine Geheimrezepte selbst zusammenstellen. Am einfachsten nachvollziehbar für Kinder ist ein Poster mit den aufgemalten Mengenangaben, das gut sichtbar aufgehängt wird. Genauso gut können die „Rezepturen" aber auch ins Ideenbuch eingetragen oder eingezeichnet werden.

Unter anderem können folgende Stoffe untergemischt werden: Sägemehl, Asche, Sand, Kreide, Gips, Stroh und Heu usw. Es gibt viele Kombinationsmöglichkeiten und die Oberflächen werden je nach Zusatz feiner oder grober.

Aktion: Handpuppen aus Papiermaschee

Handpuppen nennt man die Figuren, die aus einem plastisch geformten Kopf und einem Kleid bestehen. Mit seinem überall bekannten „Tri, tra, trallala" kündigt sich etwa der Kasper auf der Puppenbühne an. Fürs gemeinsame Handpuppen-Spiel müssen es nicht die gekauften Figuren sein. Gemeinsames Spielen setzt gemeinsames Planen und Handeln voraus. Welche Figuren sollen dabei sein und welches Kind fertigt diese dann an? Kinder und Erzieherinnen planen und arbeiten zusammen, kümmern sich um Materialorganisation und Arbeitsvorbereitung.

Werkstoff Papier

Auf diesem langen Weg vom ersten Planungsgedanken bis zum letzten Handlungsschritt erfahren und meistern die Kinder komplexe Zusammenhänge. Alle werden erstaunt und stolz sein, wenn die fertigen Handpuppen vor ihnen liegen. Ein Türrahmen, in den ein Tuch als Sichtschutz für die Spieler gehängt wird, kann die erste Bühne sein. Das Spiel zwischen Gut und Böse beginnt und natürlich wird das Gute gewinnen!

Wir brauchen
→ für das Papiermaschee:
  Plastikeimer, Zeitungen, Kleister, einen Mixer oder Zauberstab,
→ für die Bemalung:
  dicke und dünne Borstenpinsel, Farben (Wasserfarben oder Plakafarben),
→ für die Kostüme:
  Stoffreste, Nadel und Faden oder Klebstoff, Borten und Litzen, Knöpfe und Perlen.

Aktion: Die Konstruktion des Kopfs
Ein Stock wird in einen mit Sand gefüllten Eimer gesteckt. Auf diesem Stock wird ein Doppelblatt zerknülltes Zeitungspapier mit Faden und Klebebandstreifen befestigt. Die Form dieser Papierkugel stellt die Grundstruktur des Kopfs der Spielfigur dar. Die Papiermascheemasse wird in einer dünnen Schicht um die geknüllte Kugel gelegt. Jetzt kann begonnen werden, der Figur nach eigenen Vorstellungen Gesichtsteile wie Nase, Mund, Kinn, Wangen, Augen, Augenbrauen, Glotzaugen oder Schnauzen, Hörner oder Ohren aufzusetzen. Mit der Materialmenge sollte nicht kleinlich umgegangen werden!
Wir beginnen mit der Nase. Sie ist wesentlich für die Charakterzüge der Figur und die Anordnung der übrigen Teile. Sie kann lang und spitz für den Kasper, kurz und knollenförmig für den Räuber oder klein und stupsnasig für die Prinzessin sein. Ein Spiegel zum Betrachten und das Betasten der eigenen Gesichtsform als Wahrnehmungsübung hilft Kindern oder auch Erwachsenen, ihren Vorstellungen näher zu kommen. Oft bleibt beim Modell kein Platz für die Stirn und das Kinn. Sie sind natürlich ebenso wichtige Gesichtsteile und müssen im Anschluss ausgestaltet werden. Auch Frisuren und Bärte können, statt mit Wolle oder Fell angeklebt, auch anmodelliert

werden. Natürlich sollte ganz zum Schluss der Hals nicht fehlen, denn das Puppenkleid muss daran befestigt werden. Ein kleiner Wulst am Halsende verhindert das Abrutschen des festzubindenden Kleides.

Wenn wir mit unserem Werk zufrieden sind, verstreichen wir alle angesetzten Gesichtsteile noch einmal gründlich und lassen den modellierten Kopf trocknen. Es dauert etwa eine Woche, bis er ganz durchgetrocknet ist. Die während dieser Zeit entstehenden Risse werden mit Papiermaschee repariert. Zu klein geratene Nasen, Ohren, Münder etc. können jederzeit ergänzt oder verändert werden. Figuren, die bei zu heftigen Spieleinsätzen gelitten haben, erhalten ein nachmodelliertes „Ersatzteil". Durch das Beimischen von etwas dickflüssigerem Kleister ist die Klebefähigkeit der Masse größer, sodass nachträglich Angebrachtes sicher hält.

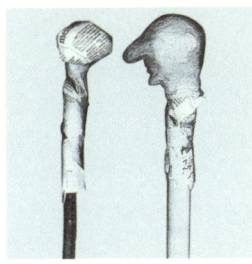

Konstruktion des Kopfes.

Tri, tra, trallala, wir sind da!

Aktion: Der Kopf wird bemalt

Der nächste wesentliche Gestaltungsschritt ist das Bemalen des Kopfs. Kinder haben meist andere Vorstellungen von der Farbgebung als Erwachsene und die Versuchung, hier einzugreifen, ist groß. Aber weshalb muss ein Krokodil immer grün sein? Die Grundierung des modellierten Kopfs sollte jedoch, unabhängig von der späteren Farbwahl, für die ganze zu bemalende Fläche gleich sein, auch dort, wo Haare und Bärte angeklebt werden. Auf dieser Farbfläche werden nach dem Trocknen die Details aufgemalt: Lippen, Wimpern, Sommersprossen, Warzen usw.

Erst jetzt, nachdem das Formen und Bemalen abgeschlossen sind, wird der Stock aus dem Puppenkopf gezogen. Das entstandene Loch bietet Platz für den Spielfinger (Zeigefinger). Sollte es zu weit sein, wird es mit Papiermaschee enger gemacht, denn der Kopf muss fest auf dem Finger des Spielers sitzen.

Aktion: Ein Kleid für die Figur

Die nächste spannende Aufgabe besteht darin, ein passendes Kleid für die Figur zu schneidern. Die unterschiedlichsten Stoffreste können dabei Verwendung finden, etwa der schöne zarte Tüllstoff der alten Wohnzimmergardine für das Kleid der Prinzessin, der blaue Wollstoff eines alten Kostüms für die Uniform des Polizisten, weicher Samt für die rote Zipfelmütze des Kaspers. Natürlich ist jede Menge Krimskrams zum Schmücken willkommen, vom goldglänzenden Knopf über die goldene Haarnadel, die Feder und die Fransenborte kann alles gebraucht werden. Die Schmuckdetails werden entweder angenäht oder angeklebt. Die Überlegung, ob ein Kostüm zusammengenäht oder zusammengeklebt wird, hängt unter anderem von der feinmotorischen Entwicklung und vom Alter des Kindes ab. Nähen ist sicher eine Geduldsprobe und fordert als aufwändiges Verfahren ein Mehr an Geduld und an Auseinandersetzung mit sich selbst ein.

Das Spielkleid wird als ca. 30 cm langer Stoffschlauch zugeschnitten, der am Hals eine weite Öffnung hat. Dort wird später das Kleid mit einer Schnur am Hals der Puppe festgebunden. Links und rechts auf Schulterhöhe sind 2 kleine Öffnungen mit angeschnittenen Ärmeln, durch die die Finger des Spielers gesteckt werden und gleichzeitig sind sie die Händchen der Handpuppe.

Aktion: 1000 Ideen mit Papiermaschee

Aus Papiermascheebrei können Seeungeheuer, Riesen-Bonbons oder Ostereier, Köpfe für Handspielfiguren, Obst und Gemüse für den Kaufladen, Tiere für Zoo und Stall, Gebrauchsgegenstände wie kleine Schalen, schöne Knöpfe und Perlen als Schmuck und noch vieles mehr geformt und anschließend bemalt werden. Aber auch Materialien wie Dosen und Schachteln, Stöcke und Bretter können mit Papiermaschee ummantelt, „verpackt", weiter bearbeitet und ihrer ursprünglichen Form entfremdet werden.

Aktion: Rate, rate, wer ist das?
Wir kreieren Bewohner aus dem Stockpuppenland mit den Jüngsten in der Gruppe. Dazu wird Papiermaschee hergestellt und in Formen gegossen. Die ausgewählten Formen sollten nicht zu groß sein. Auch hier eignet sich eine leere Papierrolle. In die noch nasse Masse stecken wir Rundstäbe oder Stöcke, die wir bei einem Spaziergang gefunden haben. Nach dem Trocknen ist die Masse fest mit dem Stab verbunden und die getrockneten Objekte am Stock können bearbeitet werden. Die Figuren werden mit Stoff beklebt, mit Pailletten behängt oder mit Fell bekleidet. Welche Figur auch immer entsteht – ein Geißlein aus dem Märchen, Rumpelstilzchen, ein Vampir, eine Hexe, ein Roboter oder ein Hund –, das Kind, das die Figur gestaltet hat, ergreift für sie das Wort, erweckt sie zum Leben, stellt sie den anderen Figuren und somit den anderen Kindern vor. Oder wir raten, um wen es sich handelt. Bald kommen die Bewohner aus dem Stockpuppenland miteinander ins Gespräch und es entstehen kleine Theaterstücke. Eine einfache Bühne für diese Figuren ist rasch aus einer großen Schachtel gebaut.

Die selbst gemachten Puppen in Spielaktion.

Werkstoff Papier

Papiermaschee-Variationen

Papiermaschee ist nicht immer aus eingeweichtem Papierbrei. Es lässt sich auch herstellen, indem man Papierstreifen und -fetzen mit Kleister bestreicht und sie auf Hohlkörper schichtet. Am bekanntesten ist das schichtweise Auftragen auf einen Luftballon. Genauso gut können aber auch Schüsseln und Teller, Tische und Stühle und vieles andere mehr mit Papiermaschee abgeformt werden. Es gilt: Je größer das Objekt ist, das gestaltet werden soll, umso dicker muss die Papierschicht sein. Bei kleinen Objekten reichen ca. 3 Schichten, bei großen sollten es 8 bis 10 Schichten aus Zeitungspapier sein. Dabei dürfen wir ein Trennmittel zwischen Objekt und Papiermaschee nicht vergessen, sonst klebt das Papier fest auf dem Untergrund. Trennmittel können Vaseline, Öl, Plastikfolie oder eine nicht gekleisterte Papierschicht als unterste Lage sein.
Weitere Variationen: Papierblätter in Kleister getaucht und geknüllt, getrocknet und bemalt werden zu bunten Wurfbällen. Papierbahnen, über Draht oder Holz geformt, lassen fantasievolle Gebilde entstehen. Mit der Verwendung von Krepppapier, Transparentpapier oder anderen Papiersorten in der Papiermascheemasse lassen sich besondere Effekte wie eine fantaisevolle Oberfläche oder einen interessanten Farbverlauf erzielen.
Die getrockneten Papiermaschee-Objekte lassen sich mit Feilen und Schleifpapier glätten, mit Bohrern durchbohren oder mit Messern und Feilen rillen und ritzen. Bemalen und Lackieren versiegelt die Oberfläche und macht die Gegenstände haltbarer und dekorativer.

> **Aktion:** Tunnel, Höhle, Berg, Vulkan – alles aus Papier
> Papier kann auch großflächig mit Kleister eingepinselt, übereinander geklebt und zu großen Objekten geschichtet werden. Dabei kommt es nicht darauf an, dass wir nur eine Papiersorte verwenden. Die Grundlage kann zum Beispiel Zeitungspapier sein oder ein großes Stück Wellpappe. Wir legen dieses große Grundpapier auf einem Tisch oder noch besser auf dem Boden aus und nun wird Schicht um Schicht darüber geklebt. Es entsteht eine vielfältige „Papierhaut". Noch feucht vom Klebstoff und flexibel wird das Papier über eine Form gelegt, einen Stuhl, einen Tisch, einen Eimer oder über eine große Figur, die wir zuvor aus Maschendraht geformt haben. Dann lassen wir das Papierobjekt trocknen. Der Trocknungsprozess kann schon ein paar

Tage dauern, je nachdem, wie viel Kleister wir aufgestrichen haben und wie viele Schichten Papier übereinander liegen. Nach dem Trocknen ist das Papierobjekt leicht und bleibt nach Entfernen des Untergrundes in seiner Form erhalten. Landschaften mit Bergen, Höhlen und Burgen, Vulkane und Tunnel lassen sich daraus bauen. Es entstehen Gruselhöhlen in einer Geisterbahn oder mehrere Höhlen werden hintereinander gebaut, mit einem Eingang und einem Ausgang versehen, können sie als Kriechlabyrinth gestaltet werden. Was immer auch entsteht, die Objekte sind nicht besonders stabil und können nicht beklettert werden. Der Reiz liegt in den Innenräumen. Außen haben sie entweder eine kunterbunte Papierhaut oder sie werden noch bemalt.

Aktion: Exkursion zu einem Recyclingunternehmen
In den gelben Seiten finden wir Adressen von Recyclingunternehmen. Diese Firmen haben die Aufgabe übernommen, Verpackungs- und Restmaterialien zu sammeln, sie zu sortieren und wieder neu zu verarbeiten. Neugierige Kinder und Erwachsene wollen sicher wissen: Was passiert mit dem Müll, dem Inhalt des gelben Sackes, den sortierten Gläsern, den Lieblingsklamotten, die im Kleidercontainer verschwinden? Warum trennen wir Papier und werfen es nicht in den gelben Sack oder gar in den Restmüll?
Rufen Sie bei einem Recyclingunternehmen an und vereinbaren Sie einen Termin. Ein Tagesausflug, um zu sehen und zu staunen, was es dort alles gibt, lässt sich leicht organisieren. Mit dem Fotoapparat kann alles festgehalten werden und ein anschließend zusammengestelltes Infoplakat fasst das Erlebte und Gesehene zusammen und informiert Kinder, Eltern, Kolleginnen und alle, die bei der Exkursion nicht dabei waren.

Erlebnisraum Recyclinghof.

Stapelweise Altpapier.

Papier und seine Bearbeitung

Wie der Werkstoff Papier zu verarbeiten ist, finden wir in zahlreichen Werk- und Bastelbüchern beschrieben. Es werden Ausgestaltungsvorlagen angeboten, meist mit beiliegender Schablone und Schritt-für-Schritt-Anleitungen. Suchen wir solche Bücher? Und wenn ja, wie gehen wir mit der angebotenen Literatur auf dem Werk- und Bastelmarkt um?

Auch hier stellt sich wieder die grundsätzliche Frage des methodischen Handelns. Zu Gestaltungstechniken wie dem Falten, Schneiden, Kleben usw. gibt es eine Vielzahl von Büchern. Manche sind informativ, andere rezepthaft und schablonenmäßig. Manche inspirieren zum Selbstgestalten, andere nur zum Nachahmen. Die meisten dieser Bücher sind dem produktorientierten Arbeiten zuzuordnen. Wie können wir mit solchen Büchern prozessorientiert arbeiten, wenn wir dem schönen Schein der Bilder des perfekten Produktes erliegen und auch noch eine gute methodische und didaktische Anleitung darin finden? Gar nicht! Denn auch hier erkennen wir wieder den Widerspruch im gestalterischen Arbeiten, zwischen Produktorientierug oder Prozessorientierung. Immer wieder müssen wir uns darüber im Klaren sein, dass die vielfältigen Gestaltungswege nur mit den Kindern beschritten werden können, dass sie nicht von den Erwachsenen vorgedacht werden dürfen und dass sie deshalb nie wiederholbar sind, sondern stets anders und neu. Dies gilt nicht nur für das Kind, es gilt in gleichem Maße für die Erziehenden, und mit dieser einmal gewonnenen Erfahrung erkennen wir, dass es nie mehr Langeweile in unserem gestalterischen Alltag geben kann. Aus den Anleitungsbüchern holen wir uns das Know-how und informieren uns über die Techniken und das notwendige Material.

Die Auflagen dieser Werkbücher sind nicht sehr hoch und manche Werke nicht sehr lange auf dem Markt. Sie machen schnell anderen Neuerscheinungen Platz. Aus diesem Grund verzichtet dieses Buch auf eine Empfehlungsliste. Stattdessen die Aufforderung: Stöbern Sie selbst und suchen Sie in der Vielfalt der Möglichkeiten Ihre Arbeitsmaterialien, bleiben sie auf dem Laufenden.

Das prozessorientierte Arbeiten finden wir selten in Büchern. Es sind dann oft nur Wege, die aufgezeigt und beschrieben werden. Mit der Entscheidung, welchen methodischen Weg wir wählen, klären wir die Frage nach den pädagogischen Zielen, die wir in unserer Arbeit verfolgen. Die Inspiration im kreativen Arbeiten braucht Raum, Zeit und Ruhe. Diese Inspiration zuzulassen und sie zu unterstützen, ist die Aufgabe des Erziehenden. Mit dem Angebot an Material schaffen wir als verantwortliche Erwachsene eine Möglichkeit, dass ein Kind, das auf der Suche nach Welt und Erkenntnis ist, einen Ausdruck finden und ihm Gestalt geben kann. Durch Anerkennung und Wertschätzung bieten wir die notwendige Sicherheit, die Kinder brauchen, um sich über ihre Erfahrungen und Gestaltungsprozesse zu freuen und auch ein Scheitern verkraften zu können.

Erzieherinnen eignen sich die Papierschöpf-Technik an.

Oberflächenbearbeitung

Die Oberfläche von Papier kann man
→ bemalen,
→ bedrucken,
→ beschriften,
→ bekleben.

Diese Techniken betreffen die Oberflächengestaltung von Papier und sind dem bildnerischen Bereich zugeordnet. Sie werden eingesetzt, um die Oberfläche der plastischen Objekte zu gestalten.

Materialbearbeitung

Papier kann man
→ falten,
→ flechten,
→ schichten,
→ kleben,
→ knüllen,
→ schneiden,
→ reißen,
→ ritzen,
→ perforieren,
→ kaschieren,
→ formen,
→ prägen.

Diese Techniken sind dem plastischen, dreidimensionalen Arbeitsbereich zugeordnet. Jede dieser Techniken ist in vielen speziellen Fachbüchern beschrieben.

Werkzeuge zur Bearbeitung

Um Papier und Pappe zu bearbeiten, zu gestalten und zu verändern, brauchen wir spezielles Werkzeug:
→ Scheren (für die Papierbearbeitung gibt es abgerundete Kinderscheren);
→ Messer, Cutter sind für Kinderhände ungeeignet, wir brauchen dieses Werkzeug jedoch, um bei den Objekten der Kinder Fenster, Türen und andere Öffnungen einschneiden zu können;
→ Falzbein zum Falzen von Papier und Pappe. Die Oberfläche wird geprägt und kann anschließend leichter geknickt werden, ohne dass das Material bricht;
→ Schneidunterlagen aus Pappe oder Kunststoff;
→ Papierschneidemaschine;
→ Pinsel;
→ Heftgerät und Heftnadeln (Tacker).

Falzbeine, Schere, Cutter, Schneideunterlagen und Papierschneidemaschine.

Klebstoffe

Auf jedem Klebstoffbehälter sind die Klebeeigenschaften und die möglichen Verwendungszwecke eines Klebstoffs beschrieben. Damit der Klebstoff nicht austrocknet, sollte der Behälter stets gut verschlossen werden.
- → Flüssige Klebstoffe: Vielzweckkleber, Spezialkleber, meist lösungsmittelhaltig.
- → Kleister: Der wohl am häufigsten verwendete Klebstoff im Vorschulbereich, geeignet für Papiere, Pappe und Karton. Vorbereitungszeit ca. 20 Minuten nach Anrühren mit Wasser.
- → Klebeband, Klebefilm: Abrollbare Bänder, unterschiedlich in Breite, Transparenz, Farbe, Struktur und Eigenschaft, Kreppbänder, doppelseitige Klebebänder, Packbänder.
- → Leim: Weißleim, wasserlöslicher Leim, transparent trocknend, unter Anpressdruck entsteht eine Verbindung der Materialien.
- → Heißklebepistole: Klebt fast alle Materialien, nicht geeignet für große Flächen, nicht ungefährlich wegen der Hitzeentwicklung. Mit Hilfsmitteln (Lappen, Hölzchen) kann beim Andrücken der Materialteile verhindert werden, dass man mit dem heißen Klebstoff in Kontakt kommt; sofortige Klebewirkung.

Verarbeitungstipps

→ Pappe ist saugfähig und nimmt jede Flüssigkeit leicht auf. Dadurch wird sie brüchig und ist leicht in kleine Teilstücke zu reißen. Diese Eigenschaft kommt uns bei der Herstellung von Pulpe für das Papierschöpfen oder Papiermaschee zugute.

→ Papier und Pappe haben eine „Laufrichtung". Durch die Art und Weise der Herstellung von Pappe ergibt sich, dass die Fasern des Materials in einer Richtung liegen, der so genannten Laufrichtung. Beim Knicken, Falten, Schneiden und Falzen von Papier und Pappe bemerken wir, dass es unterschiedlich ist, ob wir das Material längs oder quer knicken, falten, schneiden oder falzen. Entgegen der Laufrichtung bricht das Material unregelmäßig, faserig ab, es gibt keine sauberen und scharfen Knickstellen. Wir machen eine Laufrichtungsprobe, um festzustellen, wie das Material besser zu verarbeiten ist. Kleine Materialproben dazu verwenden und die Laufrichtung mit einem Pfeil auf der Oberfläche markieren.

→ Damit wir Pappe besser falten oder brechen können, machen wir mit einem Falzbein oder einem Löffelstiel entlang eines Lineals oder einer langen Latte eine Falzung (Kerbe) in Laufrichtung. Dadurch wird die Oberfläche eingedrückt, aber nicht aufgeschnitten. Entlang des Falzes lässt sich das Material gut knicken, falten, biegen oder auch brechen.

→ Pappe kann mit Sägen gesägt werden. Ein feiner Fuchsschwanz eignet sich sehr gut, um die großen Papptafeln zu teilen. Wir legen die Pappe dazu nahe an die Tischkante und beginnen vorsichtig. Die rauen Kanten werden mit Schleifpapier geglättet. Raspeln und Feilen können ebenso bei den Wellpappplatten verwendet werden wie auch kleine Bohrer oder Lochzangen.

→ Pappe ist ein gutes Material, um die ersten Laubsägeerfahrungen zu machen. Wir verwenden die Papptafeln wie Sperrholz.

→ Doppelt beschichtete Wellpappe hat eine Laufrichtung, die gut sichtbar ist. Die Rillen laufen in Laufrichtung. Die Eigenschaften dieses Materials sind sehr unterschiedlich gegen oder mit der Laufrichtung – stabil/instabil, gut oder schlecht falt-, knick-, schneid- oder falzbar. Die Verpackungsindustrie macht sich diese Eigenschaften zu Nutze.

Mit Farbe und Pinsel

Malen und Zeichnen werden nicht dem plastischen Gestalten zugeordnet. Es ist das bildhafte oder abbildhafte Gestalten, das diesen Bereich beansprucht. Es lässt sich jedoch nicht so strikt trennen, die Bereiche überschneiden sich, vermischen sich, vor allem aber bereichern sie sich. Unsere plastischen Gebilde aus Papier und Pappe werden bemalt, bedruckt, besprüht oder bespritzt. Es gibt viele Möglichkeiten, mit malerischen Techniken die Papierobjekte zu vervollständigen, sie zu schmücken und die Gestaltung durch Farbe zu vervollkommnen. Die Frage nach neuen Techniken lässt sich durch spezielle Anleitungsbücher oder besser noch durch eigenes Ausprobieren beantworten.

Aktion: Aus der Pinselwerkstatt
Der klassische Pinsel besteht aus einem Holzstiel, an dem Haare oder Borsten befestigt sind. Diese Vorstellung lässt sich erweitern. Wir können z. B. auch mit Besen, Bürsten, Wischmopps, Schwämmen, Flaschenputzern und allem, was sonst noch Borsten trägt oder Farbe aufsaugen kann, malen. Oder wir nehmen Grasbüschel und trockene Halme, Reisig, Palmwedel und Federn, statten Pinsel mit Lederstreifen, Fell oder Plüschstoff aus, Lappen oder Wollknäuel weiteres „Pinselmaterial". Keinen der genannten „Pinsel" gibt es zu kaufen, und wenn doch, sind sie nicht im Fachhandel für den Kunstbereich, sondern vielleicht im Haushaltswarengeschäft zu finden. Aber auch die ausgedienten Bürsten und Besen, die im Haushalt anfallen, sind noch gut genug, um damit zu malen, es müssen keine neuen „Pinsel" sein, sie müssen jedoch sauber sein.
Für selbst gestaltete Pinsel brauchen wir Stöcke und Stäbe, um die oft sehr empfindlichen „Borsten" befestigen zu können. Wir kleben, binden oder wickeln sie um den Stock und stellen fest, dass sich durch das Benutzen und Abnutzen der Pinsel die Strukturen auf der Malfläche verändern.
Es ist unvorhersehbar, was sich da als Zeichen auf dem Papier wiederfindet. Die Farbe vermischt sich mit den Halmen und Blättern, das Werkzeug löst sich auf und die abgegangenen Teile haften in Farbe getränkt auf dem Malgrund. Freie Farb- und Formgebilde entstehen aus Linien, die von satt getränkt bis leicht dahingehuscht über das Papier führen. Es öffnet sich ein Weg ins Reich der Fantasie über das Experiment mit dem Material und der Suche, sich damit auszudrücken.

Aktion: Malerbedarf

Dass dicke und dünne Pinsel, Stäbchen und Lappen, Schwämmchen und Siebe zu der Ausstattung des Malbereiches gehören, ist jeder Erzieherin selbstverständlich und alltäglich. Wir können den Materialfundus erweitern, wenn wir eine Sammelaktion einleiten. Am besten erhält diese Aktion einen programmatischen Titel, z. B.: „Maler brauchen mehr als nur kleine Pinselchen!" Dazu malen die Kinder Bilder. Darauf sind die Malerwerkzeuge zu sehen, die Maler und Heimwerker brauchen, etwa dicke Bürsten, große Eimer, Walzen, Rollen, Spachtel usw. Mit diesem Werkzeug kann nicht nur großzügig Farbe auf die Wand aufgetragen werden, sondern auch auf die Bilder von Kindern. Über eine solche Sammelaktion werden gebrauchte Werkzeuge und Restmaterial zusammengetragen und es findet eine große Malaktion mit Kartonage, Tapetenpapierrestrollen und Tapetenbüchern statt.

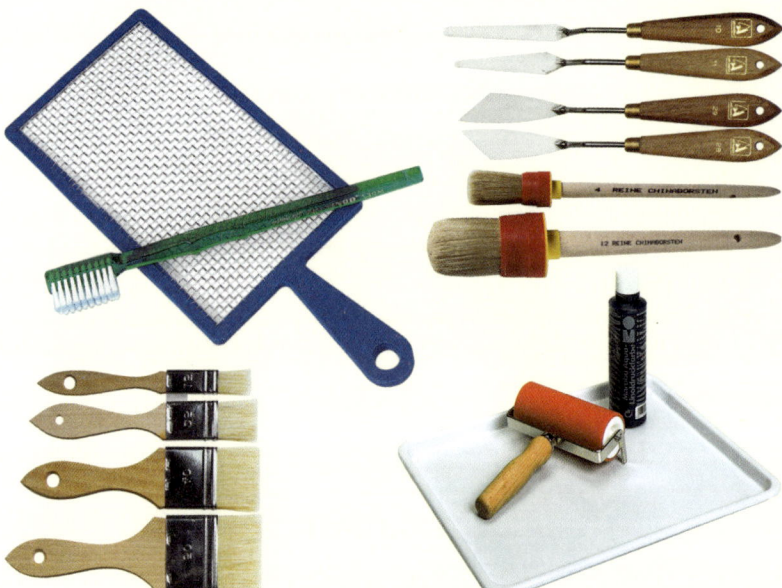

Malerpinsel und -spachtel, Sieb, Walze und Tablett.

Pappe und Karton

Pappe klingt ähnlich wie Papier, und beide Werkstoffe haben vieles gemeinsam. Dennoch unterscheiden sie sich im Gebrauch und in ihren Eigenschaften. Der Name Pappe kommt von „pappen". Ein Wort aus Süddeutschland, das für das Verkleben oder Zusammenkleistern von mehreren (Papier)-Schichten zu einer dicken Pappe, etwa als Buchdeckel für Bücher steht. Vor diesen „Pappdeckeln" waren es mit Leder beklebte, dünne Holztafeln, die das Innere eines Buches schützten.

Pappe ist dickes, steifes Papier. Dieses Papier wird heute oft nicht mehr in vielen Schichten verpappt, sondern aus einem Brei gemacht. Er enthält Faserstoffe wie Altpapier, Stroh oder Zellstoff. Diese Stoffe werden zerkleinert und gemahlen und mit Wasser vermischt. Die Masse wird über ein Sieb geleitet und geschüttelt. Das Prinzip der Verfilzung der Fasern, die hier stattfindet, kennen wir schon vom dünneren Papier. Das Wasser sickert durch die Zwischenräume des Schöpfsiebes ab und zurück bleibt eine dicke, nasse Schicht. Diese dicken Schichten werden in Tafeln geschnitten, gepresst und getrocknet, denn so dickes Material kann nicht gerollt werden wie das dünnere Papier. In Tafeln wird es auch im Papierladen verkauft. Das übliche Format für eine Tafel ist ca. 50 x 70 cm.

Es gibt viele Papp- und Kartonsorten. Sie unterscheiden sich durch das verwendete Material, durch ihre Stärke, ihre Oberflächen, ihre Beschaffenheit und ihre Tönung. Pappe ist stabil und schützt als Verpackungsmaterial viele Gegenstände wie z. B. Porzellan, Glas oder Möbel, die beim Transport oder beim Lagern nicht zerbrechen oder zerkratzt werden sollen.

Pappensortiment in verschiedenen Stärken.

- **Aktion: Ideen mit Pappe**
  Mit Pappe lässt sich wunderbar bauen. Sie lässt sich schneiden, falzen, brechen, knicken, bekleben, bemalen, perforieren, tapezieren usw. Pappe wird zum Malgrund, Buchdeckel, Mappenumschlag und Guckfenster, sie wird zum Tisch, zum Stuhl, zur Schatzkiste. Wozu wohl noch? Vorschläge und Ideen kommen auch dieses Mal wieder ins Ideenbuch! Die Kinder fertigen Skizzen von ihren Vorschlägen an oder sie kleben ein Foto vom fertigen Objekt ein.

- **Aktion: Pappe als Malgrund**
  Pappe als Malgrund ist ein kostenloses Material, das für großflächige Malaktionen sehr gut geeignet ist. Es kann auf den Boden oder auf Tische gelegt werden. Manchmal brauchen die Kinder außer dem Malgrund und der Farbe weiter nichts dazu. Mit einer Staffelei als Hilfsgerät ist es möglich, an jedem beliebigen Ort zu malen. Sie gibt dem Kind den Eindruck des besonderen Malereignisses und schafft Platz. Eine Staffelei kann beidseitig mit Malgründen belegt werden, sodass immer zwei Kinder gleichzeitig malen können, ohne sich zu stören.

Kinderstaffelei.

Einfache Wellpappe

Eine besondere Pappe ist die einseitige Wellpappe. Sie hat zwei verschiedene Oberflächen, eine glatte und eine gewellte. Das Spiel mit diesem Material lässt es zum „Instrument" werden, wenn wir mit einem Hölzchen oder unseren Fingern quer zu den Wellen ratschen. Wellpappe wird in Rollen, die 50 m lang und 2,20 m hoch sind, geliefert. Im Branchenverzeichnis finden wir die Adresse der Großhändler oder des nächstgelegenen Herstellers. Von der Rolle wird es zum Einwickelpapier, zur Säule, zum Turm, zum Zylinder oder zum Raumteiler.

- **Aktion: Große Labyrinthe**
  Wir können mit diesem Material die Räume unserer Einrichtung so verändern, dass vollkommen neue Raumerlebnisse möglich sind. Wir können Dunkelräume machen oder Räume mit kleinen Parzellen, die zum Rückzug einladen. Es können Wege gestellt werden, die nur einen Eingang haben. Wir kommen wieder an die Stelle zurück, von der wir ausgegangen sind. Ganz vorsichtig müssen wir uns im Wegelabyrinth bewegen und dürfen die anderen Labyrinthbesucher nicht aus der Bahn werfen. Die zarten, hohen Wände dürfen nicht umfallen, sie stehen nur auf einer dünnen Kante und erhalten ihre Stabilität durch das Wellenprofil und die Form, in der die Pappe aufgestellt wurde. Wer durch das Labyrinth wieder zum Ausgang gefunden hat, kann auf einer sehr großen Fläche versuchen, mit Kreide oder Kohle, mit Stockpinsel oder einer großen Malerbürste seinen Weg nachzuzeichnen. Ein großzügiges Papierformat, das den Kindern zur Verfügung gestellt wird, hat den Vorteil, dass es auf dem Boden liegend beim Malprozess umschritten werden kann. In der Bewegung malend den Weg nachzuvollziehen, ist ein Prozess, der deutlich macht, dass Malen und Werken Raum beanspruchen.

Möbel aus doppelter Wellpappe

Waschmaschinen, Möbelteile, Pakete, Glas und Badewannen, dies alles wird zum Transport in Pappe gepackt und so geschützt.
Designer machten es möglich: Auf Zellstoff lässt sich sitzen, spielen oder schlummern. Ein Quadratmeter Pappe, vier Zentimeter dick, kann fünf Menschen tragen – so viel wie ein durchschnittlicher Fahrstuhl. Dabei wiegt so eine Platte gerade einmal etwas mehr als ein Kilogramm. Dass diese Leichtgewichte Schwerstarbeit leisten können, hat 1969 schon den amerikanischen Architekten Frank O. Gehry begeistert. Er kam auf die Idee, mit diesem Material Möbel zu bauen. Stabilität erreichen seine Sessel durch die Verleimung der Wellkartonlagen. Seine Möbel können in so genannten Designermöbelhäusern angeschaut und ausprobiert werden.
Möbeln und Regalen aus Pappe ist ihr Innenleben durch verschiedene Oberflächenbehandlungen meist nicht anzusehen. Die Pappe wird lackiert oder mit dünnem Furnierholz beschichtet. Kanten und Ecken sind empfindlich und stoßen sich leicht ab.

Aktion: Schachtelturm

Aus kleineren und größeren Schachteln lassen sich raumhohe Gebilde auftürmen. Diese Bauaktion kann selten von einem Kind allein geleistet werden. Es fordert die Kinder heraus, gemeinsam eine Strategie zu überlegen. Viele helfende Hände sind notwendig, um Stühle, Tische und Leitern heranzuschaffen, damit der Turm hoch genug gebaut werden kann, vielleicht sogar bis unter die Decke. Alle Handreichungen und das Sehen und Denken vieler Mitbauer tragen zum Gelingen des riesigen Schachtelturms bei. Zum Schluss können alle mächtig stolz sein! Wenn es den Kindern gelingt, die Schachteln nicht nur lose aufeinander zu stapeln, sondern sie mit Kreppklebeband zu umwickeln oder mit Papierstreifen, die sie einkleistern und wie große Pflasterstücke um die Schachteln legen, bekommt der Turm eine gewisse Stabilität und es können weitere Aktionen daran stattfinden. Papprohren zum Durchschauen werden eingebaut oder es könnten Schlauchreste, die es in Installationsbetrieben oder im Heizungsbau gibt, in den Turm integriert werden. Auf diese Weise lassen sich optische und akustische Verbindungswege schaffen. Wie auf einer richtigen Baustelle tragen die Kinder bei diesen Aktionen Bauhelme. Wir können sie sicher bei einer Baufirma vorübergehend ausleihen. Ein Besuch auf einer Baustelle zeigt, dass auch dort viele Helfer notwendig sind, bis ein Gebäude steht, und dass die Bauarbeiter auch Helme tragen, um ihren Kopf zu schützen.

Aktion: Vielfältige Pappschachtel

Pappschachteln sollten im Materiallager für die Kinder immer in großen Mengen vorrätig sein. Sie lassen sich zerlegt und gestapelt gut aufbewahren, denn sie werden aus einem Stück Wellpappe gestanzt; einfach die geklebte oder getackerte Nahtstelle auftrennen und die Schachteln flach zusammenlegen. Auf solchen großen Pappflächen lassen sich großformatig gemalte Bilder realisieren. Aus großen Pappstücken lassen sich Bücher mit dicken Blättern, die an der Rückseite zusammengebunden werden, oder Mappen zum Aufbewahren von Bildern und Fotos machen. Jedes Kind kann seine Mappe selbst bemalen, bedrucken oder bekleben. Faltungen und Knicke der „alten Schachtel" können in die Planung der Mappenfalze mit einbezogen werden. Wir müssen uns die auseinander gefalteten Pappen gründlich anschauen, bevor wir mit der Schere oder dem Messer zu viel abschneiden.

Aufbewahrungsmappen aus Kartons, die kaschiert und bemalt wurden.

Schachtel-Aktionen

Große Schachteln zu organisieren, ist nicht ganz einfach. Meist werden die leeren Pappkartons gleich nach dem Auspacken zerrissen, verschnürt und von einem Recyclingunternehmen abgeholt. Man muss also vorbestellen und eine gute Quelle suchen. Planung und Vorratshaltung sind wichtig.
Nutzen Sie das kostenlose Material Pappschachtel als Gestaltungsanlass. Räumen Sie ein Zimmer vollkommen frei und ermöglichen Sie den Kindern, in kleinen Gruppen oder allein eine große Schachtel zu bespielen. Beobachten Sie, was sich entwickelt, wie sich Ideen finden und multiplizieren können. Fotografieren und dokumentieren Sie solche Aktionen. Auf diese Weise können sie Eltern und Teamkollegen zeigen, wie intensiv die Kinder bei diesen Arbeiten dabei sind.
Der Forscherdrang der Kinder kann so weit gehen, dass die Schachtel bis zur Zerstörung belastet wird. Die Auflösung der Form, die Zerlegung der Pappe in einzelne Schichten geschieht prozesshaft. Die Kinder hüpfen und springen auf die Schachtel, bis sie als Raumkörper nicht mehr zu erkennen ist. Mit Werkzeugen wie Schraubenziehern, Scheren, Stricknadeln rücken sie der Oberfläche zu Leibe. Sie wird aufgerissen, durchstoßen, aufgebrochen. Auch das gehört zur Materialerkundung und wird mit Neugierde vorangetrieben. Erwachsene stehen dieser Form von Erprobung sehr skeptisch gegenüber und können oft nicht nachvollziehen, dass auch darin ein Erkenntnisgewinn liegt. Sie sehen nur die Zerstörung des Objektes und es ist in der Tat schwer, Forscherdrang als Motivation für Materialerforschung in der Zerstörung bis hin zur Auflösung zu sehen, denn nicht immer ist ein „wertloses Objekt" das Ziel des forschenden Kindes. Dennoch sind Kinder in der Lage zu differenzieren, und die Erkundungen in einer „Werkstattsituation" sind etwas anderes als z. B. die Demontage der Einrichtung.

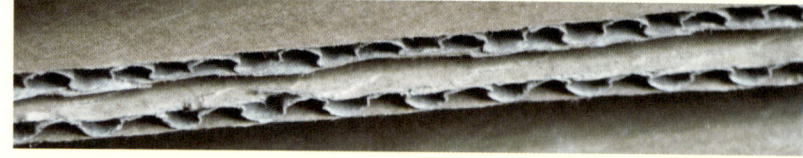

Wellpappe, die doppelt kaschiert ist, dient als Verpackungsmaterial und kann auf vielfältige Art eingesetzt werden.

Aktion: Das erste Eigenheim

Eine Schachtel hat ein Außen und ein Innen, ein Oben und Unten, ein Hinten und Vorn, ein Links und ein Rechts, sie ist Raum, begrenzt durch Wände. Sie kann bewohnt werden. Die Kinder bauen aus großen Schachteln Papphäuser, die zum Bewohnen einladen.

Wenn die Ideen schwer in Gang kommen, dann bauen Sie doch einfach mit. Beginnen Sie, eine Schachtel bewohnbar zu machen, geben Sie durch ihre „Arbeiten am Haus" Impulse zur Nachahmung. Nicht verbal, sondern über die Aktion leiten Sie als Erziehende die Kinder an. Der Anfangsimpuls ist meist schon ausreichend. Im weiteren Verlauf der Arbeiten am Papphaus müssen Sie den Kindern bei der Umsetzung ihrer Ideen manchmal ein wenig helfen. Mit einem scharfen Cutter oder Messer, das nicht in die Hände von Kindern gehört und dennoch notwendig ist, entsteht mit Ihrer Hilfe z. B. ein Fenster. Mit Tapeten und Stoffresten wird der Innenraum ausgestaltet. Mit Farbe und Stiften können außen und innen Bilder gemalt werden. Mehrere Schachteln mit Paketklebeband zusammengeklebt lassen ein „Mehrfamilienhaus" entstehen. Im Inneren des Hauses werden Verbindungen geschaffen, die Kinder haben die Möglichkeit, von einem Schachtelraum in den anderen zu kriechen. Türen und Öffnungen werden eingeschnitten. Ein „Viel-Zimmer-Haus" entsteht. Rückzugsmöglichkeiten werden geschaffen.

Spielhaus, Höhle und Rückzugsmöglichkeit.

Werkstoff Holz

Vom Baum zum Objekt

Der Baum ist ein Element der Natur. Der Mensch identifiziert sich mir der Gestalt des Baumes: Baum und Mensch stehen beide aufrecht auf dem Boden, wachsen in die Breite und Höhe. Der Baum ist fest auf einem Platz verwurzelt, wo er genügend Wasser und Nährstoffe bekommt, um zu gedeihen, der Mensch ist mobil und zieht meist umher, um sich seine Lebensgrundlagen zu suchen. Manche Menschen empfinden das als „Entwurzelung" und sehen im Baum das Idealbild einer in sich ruhenden, erdverbundenen Existenz, die allem zu widerstehen scheint. Andere Menschen dagegen sind „aus anderem Holz geschnitzt" und genießen ihre Unabhängigkeit. Der Baum, der Wald, das Holz steht also in gewisser Weise als Metapher für die menschliche Existenz.

Holz, ein ursprünglicher Stoff

Vor vier Milliarden Jahren war die Erde wüst und leer. Bis die ersten Lebewesen in Form von winzigen Bakterien entstanden, mussten noch viele hundert Millionen Jahre vergehen. Im weiteren Lauf der Entwicklung des Lebens erscheinen zunächst Algen im Wasser, aus denen im Laufe sehr langer Zeit die Landpflanzen entstanden. Vor etwa 250 Millionen Jahren entwickelten sich die ersten Bäume. Bevor die Menschen mit Holz gearbeitet haben, arbeitete die Natur mit und am Holz. Unter Hitze und Druck wurden untergegangene Wälder zu Torf, Braunkohle und Steinkohle, die wir noch heute als Brennstoffe zur Energiegewinnung verbrauchen. Einst bedeckten Wälder über die Hälfte der Landmasse der Erde. Die Menschen als Nomaden nutzten zuerst nur, was ein Baum hergab. Früchte, Zweige, Blüten und Blätter. Als sie sich sesshaft machten, nutzten sie das Holz als Stoff, den sie gestalten konnten und aus dem sie Gegenstände für den Alltag herstellten. Behausungen und Gegenstände, die in ihrer Funktionalität immer weiter verbessert wurden, entstanden. Vom Zeitpunkt der Entstehung der ersten Häuser bis zur Zeit der Industrialisierung war Holz der Hauptstoff der menschlichen Produktivität und ist bis heute ein nachhaltiger Rohstoff- und Energieträger, der immer wieder nachwächst.

Vom Baumsamen zum Baumriesen

Holz ist ein Naturprodukt, dessen Entstehung wir vom Samen bis zum gefällten Baum als Lieferant für Werkstoffe mit den Kindern nachvollziehen können. Beobachtungen in der Natur sind dabei die Grundlage. Gemeinsam werden Samen, Keimlinge, Früchte, Blüten, Blätter usw. gesammelt und bestimmt. Auch der größte Baumriese entwickelt sich aus einem kleinen Samen. Der Baumsame – beim Kastanienbaum die Kastanie, bei der Eiche die Eichel, bei der Buche die Buchecker usw. – fällt im Herbst auf den Boden, überwintert, saugt sich mit Wasser auf, quillt und sprengt schließlich seine Hülle. Die entstehende Keimwurzel dringt in den Boden und schließlich kommen die ersten 2 Keimblätter zum Vorschein. Nach und nach entwickelt sich ein Baum, der langsam den Licht entgegenwächst.

Aktion: Die Natur der Bäume

Bäume, ihre Erscheinung und Entwicklung lassen sich mit den folgenden Aktionen für Kinder erlebbar machen.

→ Mit den Kindern im Herbst Samen und Früchte von Bäumen sammeln. Kastanien, Bucheckern, Zapfen und Eicheln sind Baumteile, die zu Ketten aufgefädelt werden können. Lustige Tiere und Männchen gehören ebenso ins Gestaltungsangebot.

Getrocknete Waldfrüchte, Schalen, Hagebutten und anderes Naturmaterial werden zu Schmuckobjekten aufgefädelt.

→ Mit einigen selbst gepflanzten Samen (Kresse eignet sich dafür am besten, denn sie keimt schnell) lassen sich Beobachtungen über das Keimen und Wachsen machen.

→ Mit den Kindern verschiedene Baumsamen sammeln. Sie werden draußen gepflanzt. Ein Baum ist keine Zimmerpflanze und deshalb ist es eine Aktion, die im Freien stattfindet. Im Frühjahr kommen die Baumschösslinge aus der Erde. Ihr Wachsen und Keimen kann jetzt beobachtet werden.

→ Eine kleine Wiese mit Grassamen für das Osternest wird 14 Tage vor Ostern in einem Blumenuntersetzer angesät. Die Grassamen müssen regelmäßig gegossen werden, damit sich die Wiese an Ostern in grüner Pracht zeigt.

→ Ein Baumbuch wird angelegt. Dieses Buch kann als Jahresprojekt angelegt sein. Im Laufe des Jahres werden die Wuchs- und Pflanzerfahrungen des Baumsamens durch gemalte Bilder, eine Fotoserie oder ausgeschnittenes Bildmaterial, das zu Collagen geklebt wird, im Baumbuch festgehalten. Die Kinder können mit einfachen Fotoapparaten selbst fotografieren.

- → Die Früchte von Obstbäumen werden geschnippelt und zu einem Obstsalat verarbeitet.
- → Blätter werden gepresst und getrocknet. Dann werden mit den Blättern Bilder geklebt und gedruckt.

Was ein gefällter Baum verrät

Bäume sind Lebewesen, die auf einem Platz stehen bleiben. Dort werden sie mit Wasser und Nährstoffen versorgt. Sie werden oft viel älter, als das Leben eines Menschen dauert, wenn sie nicht zuvor von einem Sturm geknickt oder von Menschen gefällt werden. Ein gefällter oder umgestürzter Baum lässt einen Blick in sein Inneres zu. Viele Wachstumsschichten liegen um das Kernholz, bis schließlich ganz außen die Rinde oder Borke als Schutzschicht den Baum umhüllt. Die Wachstumsschichten heißen Jahresringe. Ein Jahresring hat eine dunkle, schmale und eine helle, breite Wachstumsschicht. Die dunkle entsteht in der Herbst- und Winterzeit, wenn der Baum nur langsam wächst, die helle im Frühjahr und Sommer. Beide Ringe zusammen stehen für ein Baumjahr. Die Zahl der Jahresringe gibt das Alter des Baumes an.

Wie alt ist der Baum? Die Jahresringe geben Auskunft.

- **Aktion:** Eine Exkursion zum gefällten Baum
  Wenn so ein richtig großer Baum gefällt auf dem Boden liegt, ist das ein beeindruckendes Erlebnis. Ganz genau kann man den Baum jetzt von oben bis unten betrachten, untersuchen, betasten, fotografieren und die folgenden Aktionen durchführen.
- → Die Jahresringe an einem Baumstumpf zählen.

→ Die Jahresringe eines Baumes malen.
→ Die Baumscheibe (Schnittfläche) ganz glatt schleifen.
→ Mit Papier und Wachsstift lassen sich Abriebe (Frottagen) vom Baumquerschnitt und der Rinde machen. Bäume unterscheiden sich nicht nur durch Früchte, Blätter und Blüten. Jede Baumart hat auch eine andere Rinde. Die Abriebe der unterschiedlichen Rindenstrukturen nebeneinander aufgehängt, lassen das gut sichtbar werden. Die Abriebe können ebenfalls im Baumbuch eingeklebt werden.
→ Das Betasten der Rindenoberflächen ist eine sehr sinnliche Wahrnehmung. Die Kinder können unterschiedliche Rinden sammeln und damit ein Zuordnungsspiel machen. Welche Rinde gehört zu welchem Baum? Zum Foto eines Baumes wird die dazugehörige Rinde gesucht.
Gefällte Bäume sind oft Wirtschaftsgüter, deshalb ist es notwendig, beim Förster bzw. dem Besitzer des Baums um Erlaubnis zu fragen, ob der Baum bearbeitet werden darf. Dann steht den folgenden Aktionen nichts mehr im Weg.
→ Mit Sägen einem umgestürzten Baum zu Leibe zu rücken, ist eine ganz besonders anstrengende Arbeit. Es können kleinere Äste oder Baumscheiben abgesägt werden.
→ Der Versuch, den Baum mit einer ganz großen Säge zu durchtrennen, ist vielleicht schwierig, aber nicht unmöglich. Dazu bedarf es natürlich der Zusammenarbeit mit den Erwachsenen.
→ Das Untersuchen und Bearbeiten eines gefällten Baums könnte eine gute Gelegenheit zur Zusammenarbeit zwischen Kindern und Erwachsenen sein. Es wäre auch eine gute Möglichkeit, ein Baumfest mit Eltern und Kindern zu feiern.

Gefällte Bäume kann man in ihrer ganzen Länge untersuchen.

Vielfältige Rindenstrukturen lohnen einen genauen Blick.

Eigenschaften von Holz

Das Naturmaterial Holz hat viele typische Grundeigenschaften, die von den Kindern mit einfachen Versuchen in Erfahrung gebracht werden können.

→ Holz kann klingen. Deshalb werden viele Instrumente aus Holz gebaut. Die Kinder sammeln Bilder von Instrumenten, suchen Holzinstrumente (Flöte, Xylophon) und spielen auf ihnen. Sie versuchen, Holz zum Klingen zu bringen.

→ Holz kann schwimmen. Schiffe wurden früher ausschließlich aus Holz gebaut. Aus Holzstücken lassen sich einfache Schiffe bauen, die im Wasser schwimmen.

→ Holz kann brennen. Gemeinsam wird ein Holzfeuer mit trockenen Hölzern entzündet.

→ Holz kann brechen. Die Kinder machen Versuche mit Ästen. Welche lassen sich durchbrechen, welche nicht? Brechen trockene Äste leichter als grüne?

→ Holz ist tragfähig (belastbar). Brücken wurden und werden aus Holz gefertigt. Wir begehen eine Brücke oder einen Steg aus Holz.

→ Holz ist biegsam (elastisch). Bäume, ihre Äste und Zweige bewegen sich im Wind. Im Frühjahr können frisch geschnittene Äste, die noch nicht getrocknet sind, gebogen und zu Kränzen geflochten werden.

→ Holz ist spaltbar. Trockenes Holz lässt sich gut mit harten, scharfkantigen Gegenständen spalten. Auch frisches Holz kann in Faserrichtung aufgebrochen werden.

Holzarten

Bäume können mehr als hundert Meter hoch und, wie z. B. die Eiche, über tausend Jahre alt werden. Die Lärche erreicht sogar ein Alter bis zu dreitausend Jahren, Borkenkiefern bis zu fünftausend Jahren. Bäume sind die größten Pflanzen ihres Lebensraumes mit aufrechtem, festem Hauptstamm. Es gibt über 4000 Baumarten.

Man unterscheidet dabei nach Festigkeit in Weichhölzer und Harthölzer. Harthölzer sind, wie es das Wort schon sagt, härter, die Fasern sind dichter und das Holz ist mit der Säge oder Raspel schwerer zu bearbeiten als Weichholz. Für Kinder eignen sich härtere Holzarten als Reststücke deshalb vor allem zum Leimen, Nageln und Schrauben.

Im Sägewerk

Die erste Stufe zur Holzverarbeitung findet im Sägewerk statt. Mächtige Holzstämme werden dort zu Brettern und Balken gesägt. Die Holzverarbeitung hat in waldreichen Gebieten eine lange Tradition. Jahrhundertelang wurden Sägewerke wie Getreidemühlen mit Wasserkraft betrieben. An manchen traditionsreichen „Sägemühlen" legt ein altes, stillgelegtes Wasserrad Zeugnis davon ab. Moderne Sägen arbeiten elektrisch; auf langen Schlitten werden Baumstämme durch die Säge gefahren und in der gewünschten Dicke und Länge geschnitten. Dann werden die Rohbretter und -balken gelagert, bevor sie weiterverarbeitet werden.

Bilder aus dem Sägewerk: Ein Mühlrad; Holz in verschiedenen Verarbeitungsstufen.

Industrieholz

Holz kommt in bearbeiteter Form in den Handel, entweder als fertiges Produkt – z. B. als Spielzeug oder Tür – oder als Zwischenprodukt in Form von Tischlerplatten, Spanplatten, Sperrholz, Hartfaserplatten, Leisten, Rundhölzern, Holzfertigteilen, Perlen, Kugeln, Plättchen usw., die zur Weiterverarbeitung gedacht sind. Auch Späne, Rinde und Sägemehl, die bei der Holzbearbeitung in der Industrie anfallen und meist billig oder gratis zu bekommen sind, können als Ausgangs- oder Ergänzungsmaterial dienen.

Das Naturprodukt Holz ist ein vielseitig verwendbarer Werkstoff, relativ leicht und zugleich belastbar. Holz lässt sich gut bearbeiten und behält seine Form bei, wenn die Oberfläche versiegelt, also lackiert oder geölt wird. Die Holzfasern nehmen Feuchtigkeit auf und dehnen sich aus, wenn die Feuchtigkeit entweicht, kann es zu Schwundrissen kommen. Im Extremfall können diese Verformungen ein Produkt zerstören. In gewissem Rahmen lässt es sich nicht vermeiden, dass Holz „arbeitet". Um das Ausmaß der Verformungen möglichst gering zu halten, wurden verschiedene Holzprodukte entwickelt, die sich formstabil weiterverarbeiten lassen.

Sperrholz

Sperrholz besteht aus kreuzweise verleimten Holzschichten (eine Schicht mit der Holzmaserung längs, eine Schicht quer). Dadurch wird das Arbeiten des Holzes verhindert. Die Holzschichten sind so gegeneinander abgesperrt und hindern sich wechselseitig am Verziehen.

Tischlerplatte

Die Tischlerplatte besteht aus einem stabverleimten Massivholzkern mit zwei dünneren Deckschichten. Das ergibt eine sehr stabile Holzplatte.

Tischlerplatten gibt es in verschiedenen Stärken.

Spanplatte

Spanplatten gibt es roh und beschichtet. Sie werden aus maschinell zerkleinerten Holzspänen hergestellt, die mit Kunstharzen verbunden und unter hohem Druck gepresst werden. Es gibt unbeschichtete, kunststoff- oder furnierbeschichtete Spanplatten. Spanplatten sind relativ schwer, sie sind nicht so belastbar wie Massivholz und brechen leichter aus.

Aktion: Ergänzungsmaterial
Wenn wir mit Holz arbeiten, empfiehlt es sich, in Dosen und kleinen Kisten verschiedene Materialien wie Plättchen und Scheiben, Dübelholzreste und Holzperlen, Rindenstücke, Holzspäne und vieles mehr zu sortieren und zu sammeln. Als zusätzliches Gestaltungsmaterial können diese Kleinteile auf die Holzwerke geleimt, genagelt oder geschraubt werden.

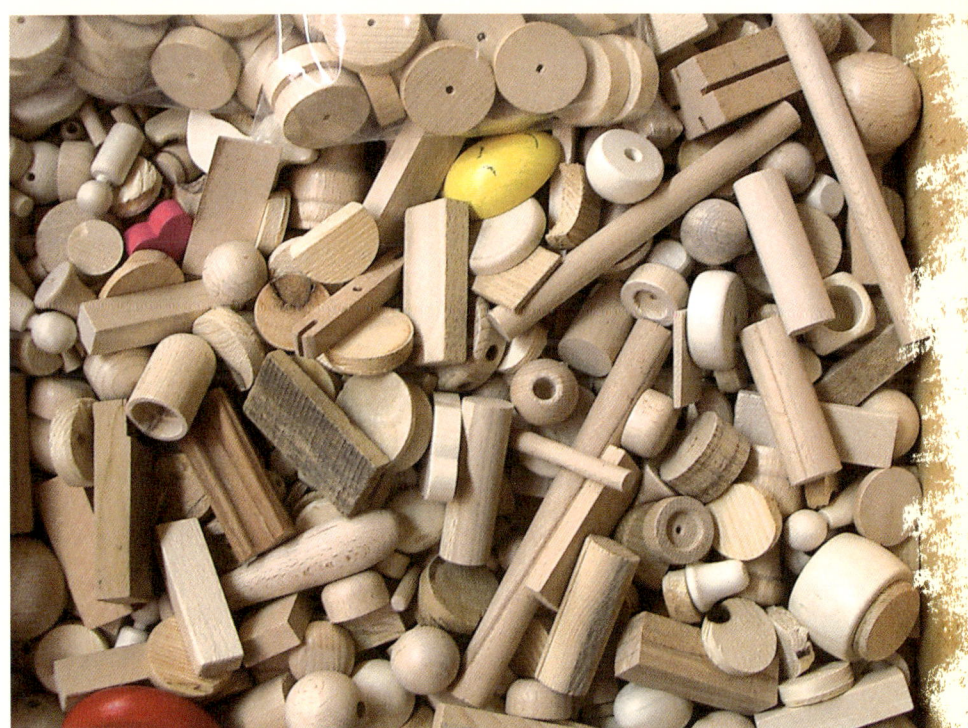

Ergänzendes Material, das in keiner Holzwerkstatt fehlen sollte.

Materialbeschaffung und -aufbewahrung

Wichtig für die Arbeit mit Kindern ist eine ausreichende Menge und eine breite Auswahl an Material. Die Kinder sollten die unterschiedlichsten Holzarten und Holzformen entdecken, mit ihnen experimentieren, spielen und zu Objekten verbauen können.

Mögliche Quellen

Holzreste und Abfallholz wie Obstkisten, Paletten und Industrieverpackungen finden sich bei größeren Firmen. Diese Holzreste sind sehr preiswert oder oft sogar kostenlos zu bekommen. Beim Sperrmüll gibt es Holzmaterial von ausgesonderten Möbelstücken. Mit offenen Augen werden wir bei unseren Suchaktionen so manche Stelle entdecken, die uns reichhaltig Material bietet.

In Holz verarbeitenden Firmen, Schreinereien, Sägereien, Drechslereien, Baugeschäften und Hobbymärkten gibt es eine große Auswahl an Holzsorten. Sie werden in Form von Brettern, Platten, Leisten und Latten, Rundstäben, Scheiben, Kugeln und Perlen angeboten. In diesen Fachgeschäften wird Holz auch auf das gewünschte Maß zugeschnitten.

In Baumärkten gibt es große Auswahl: von rohen Balken bis hin zu geschliffenen Leisten.

Das neu gekaufte Holz wird für zuvor festgelegte Arbeiten bzw. Werkdetails gebraucht. Der Preis für Beschaffung und Zuschnitt muss bedacht werden. Manche Firmen verschenken oder verkaufen für wenig Geld ihre Holzreste oder Holzabfälle. In den gelben Seiten sind Adressen und Telefonnummern von Firmen aus der näheren Umgebung zu finden. Diese möglichen Quellen können in einem Ideenheft notiert werden.

Außerdem gibt es den Fundort Natur. Im Wald, Park und Garten finden wir Stammholz, Äste und Rindenstücke. An Bächen, Seen und am Meer gibt es Treibholz. Es wird leicht und spröde, wenn es getrocknet ist. Die Natur gibt dem Holz seine besondere Form.

Lagerung

Holz hat verschiedene Eigenschaften, die wir bei der Lagerung beachten müssen. Es kann reißen, schrumpfen, es dehnt und verzieht sich je nach Einwirkung von Hitze und Feuchtigkeit. Deshalb muss es so gelagert werden, dass weder Hitze noch Feuchtigkeit Einfluss nehmen können.

In feuchtem Holz kann sich Schimmel bilden. Bevor es gestapelt wird, muss es deshalb getrocknet werden. Zur Durchlüftung werden kleine Leisten zwischen das übereinander gestapelte Holz gelegt, so genannte Stapelleisten. Sie sollten gleich lang und dick sein und zwischen den Hölzern genau übereinander liegen.

Ein Holzregal mit Kisten für die verschiedenen Holzarten verhilft zu Übersicht und Ordnung.

Kleinere Holzreste werden in Kisten sortiert. Der Materialinhalt wird für Kinder durch Aufkleben eines Reststückes auf die Kiste kenntlich gemacht.

Im Regal liegend gelagert werden Bretter, Balken, Latten und Plattenmaterial (Sperrholz, Spanplatte, Hartfaserplatte).

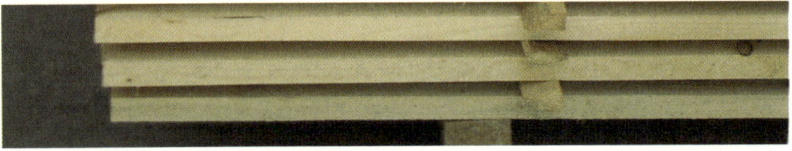

Stapelleisten zwischen den Brettern sorgen dafür, dass das Holz trocken lagert.

Die Holzwerkstatt

Der Entschluss, mit Holz zu arbeiten, macht folgende Überlegungen notwendig:
Wo wird die Holzwerkstatt eingerichtet?
Wie wird die Holzwerkstatt eingerichtet?
Womit wird die Holzwerkstatt ausgestattet?

Der passende Raum

In der Holzwerkstatt geht es laut zu. Der Umgang mit dem Werkzeug verursacht Lärm, Staub und Späne. Wenn die Werkbank nicht nur vorübergehend im Gruppenraum stehen soll, ist die Überlegung des Standortes für alle Gruppen der Einrichtung wesentlich. Im Team muss überlegt werden, wo der Ort, an dem sich der Arbeitsplatz befinden soll, eingerichtet werden kann. Gibt es einen Raum im Haus, der leer steht, ausgeräumt oder umgebaut werden kann? Er sollte hell und gut zu lüften sein. Auch im Außenbereich gibt es Möglichkeiten, einen Werkplatz einzurichten. Ein überdachter Hof, Vorplatz oder ein separater Schuppen bieten Gelegenheit dazu.

Grundeinrichtung

Das wichtigste Teil einer Holzwerkstatt ist ein stabiler, fest stehender Arbeitstisch. Nicht immer kann eine teure Werkbank angeschafft werden. Ersatzweise montieren wir eine Arbeitsplatte mit Winkeleisen fest an die Wand. Eine Platte, die ca. 80 cm breit und 50 cm tief ist, bietet Platz für zwei mobile Schraubstöcke. Die Schraubstöcke werden links und rechts an den Plattenecken befestigt. Wenn genügend Platz vorhanden ist, können mehrere Platten nebeneinander mit genügend Bewegungsfreiheit zum Arbeiten in unterschiedlichen Arbeitshöhen angebracht werden. Das hat den Vorteil, dass den Kindern entsprechend ihrer Körpergröße ein optimaler Arbeitsplatz zur Verfügung steht. Auch ein alter Tisch, dessen Höhe auf die Größe der Kinder angepasst wird, oder eine Platte mit Böcken kann zum Arbeitsplatz werden. In allen Fällen ist die Stabilität des Tisches und seine Standfestigkeit wichtig. Wenn es nur einen Arbeitstisch für alle gibt, ein Platz, an dem auch der Erwachsene mitarbeitet, wird der Höhenunterschied für die Kinder durch ein Podest aus Transportpaletten ausgeglichen. Die Paletten werden nach Bedarf aufeinander gestapelt. Je kleiner der Handwerker, desto höher das Podest. Auf die Oberfläche der Podeste wird eine Platte geschraubt, damit die Oberfläche eben und trittsicher ist.

Notwendige Ausstattung

Wenn die finanziellen Mittel zur Anschaffung von Werkzeugen begrenzt sind, schlägt sich das in der Überlegung, was nach und nach angeschafft werden könnte, nieder; auf keinen Fall sollte billiges, qualitativ schlechtes Werkzeug angeschafft werden. Um eine funktionsgerechte Werkecke einzurichten, ist es nicht notwendig, alle Werkzeuge, die in diesem Buch aufgelistet sind, gleichzeitig anzuschaffen. Wenige Werkzeuge, die das Einüben von einzelnen Arbeitsgängen ermöglichen, reichen für den Anfang aus.

Ein Startsortiment könnte so aussehen:
→ 2 Hämmer
→ 1 Feinsäge
→ 1 Fuchsschwanz
→ 1 Kombizange
→ 1 Beißzange
→ 1 Handbohrmaschine + Holzbohreinsätze
→ 1 Nagelbohrer
→ 2 Feilen
→ 2 Raspeln
→ Schmirgelpapier
→ Nagelsortiment

Mit diesen Werkzeugen lassen sich viele Vorhaben umsetzen. In den Arbeitsbereichen Nageln, Sägen, Bohren, Raspeln, Feilen und Schleifen können damit grundlegende Kenntnisse erworben werden.

Werkzeugkunde

Kinder haben kleinere Hände als Erwachsene. Sie haben auch noch nicht so viel Kraft wie ein Erwachsener. Dennoch können sie mit „normalem" Werkzeug arbeiten. Manchmal wird die Meinung vertreten, dass ausgedientes oder billiges Werkzeug oder gar „kleine", speziell für Kinder hergestellte Werkzeuge besser geeignet sind, weil diese nicht mehr so scharf sind oder weil die Kinder weniger sorgfältig damit umgehen müssen. Das ist ein Irrtum! Beim Kauf von Werkzeug sollte auf gute Qualität geachtet werden. Je besser es ist, desto leichter und exakter lässt sich damit arbeiten. Die Unfallgefahr wird reduziert, nicht erhöht. Was für den Erwachsenen gilt, gilt in diesem Fall auch für das Kind.

Aufbewahrung von Werkzeug

Ordnung am Werkplatz ist wichtig und jedes Werkzeug bekommt einen festen Platz. Damit jeder weiß, wo er es finden kann, bringt man am besten eine Hartfaserlochplatte an der Wand in der Werkstatt an. Daran wird das Werkzeug befestigt. Halterungen dazu gibt es im Handel. Metallteile sollen nicht aufeinander liegen. Feilen, Raspeln, Messer oder Sägen werden dadurch stumpf. Jedes Werkzeug wird auf der Lochplatte an seinem Platz mit einem dicken Stift umfahren. Fehlende Teile kann man so sofort erkennen und leicht einordnen. Herumliegendes Werkzeug ist eine Gefahrenquelle – man kann sich daran verletzen, darüber stolpern oder es kann kaputtgehen, wenn es beispielsweise vom Tisch fällt. Beschädigte Werkzeuge können repariert werden. Es gibt Ersatzteile, z. B. die Griffe von Feilen, Raspeln oder Hammerstiele. Es lohnt sich, Qualitätswerkzeug im Fachhandel zu kaufen.

Werkzeuge

Hammer – Schreinerhammer oder Schlosserhammer
Dieses Universalwerkzeug zum Nageln gehört zur Grundausstattung der Werkstatt. Mit der breiten Seite des Hammerkopfs, der Schlagfläche, werden Nägel

eingeschlagen. Die schmale Seite nennt man Finne. Für die Kinderholzwerkstatt sollte der Hammer ca. 300 Gramm schwer sein.

Nagelsortiment
Normale Nägel sind so genannte „Drahtstifte" mit einem Kopf. Breitkopfstifte sind oben flach und lassen sich ganz ins Holz einschlagen, sodass die Nagelkopffläche mit der Holzoberfläche bündig ist. Leistenstifte sind dünne Nägel mit kleinem Kopf, die besonders geeignet sind für dünnere Hölzer wie Sperrholz. Polsternägel haben einen stark gewölbten, oft verzierten Kopf. Sie werden verwendet, um Stoff auf Holz zu befestigen, und dienen zusätzlich als Zierelement. Drahtnägel können sich verbiegen, wenn sie schräg angeschlagen werden, auf einen harten Untergrund oder auf einen Ast im Holz treffen. In der Kinderholzwerkstatt sollten keine Stahlnägel verwendet werden.

Bohrwinde
Sie eignet sich hervorragend zum Bohren von größeren Löchern in hartes und weiches Holz. Sie wird auch Schlangenhalsbohrer genannt und die Bohreinsätze, die verwendet werden, heißen Schlangenbohrer.

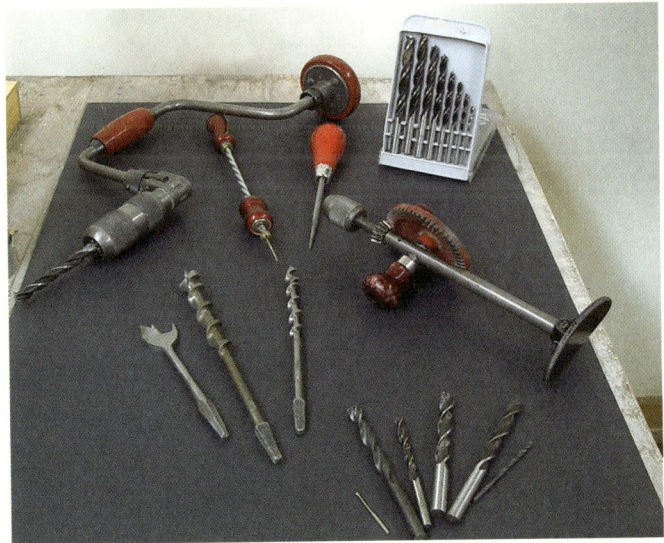

Vorstecher und verschiedene Handbohrer mit Einsätzen für die Holzbearbeitung.

Nagelbohrer
Dieser Bohrer eignet sich zum Vorbohren für Schrauben oder für kleine Löcher in Kastanien oder Holzscheiben.

Bohrmaschine
Unter Aufsicht können Kinder auch mit der Bohrmaschine umgehen. Sie sollte dazu stets im Bohrständer montiert sein. Betriebsanleitung genau lesen und die Vorsichtsmaßnahmen beachten: Haarnetz, Schutzbrille, Werkstücke immer einspannen.

Zwingen
Für haltbare Leimverbindungen werden Schraubzwingen in verschiedenen Größen benutzt. Mit diesen werden die Bauteile fest zusammengepresst. Schraubzwingen werden auch zum Festspannen des Werkstückes auf der Werkbank eingesetzt.

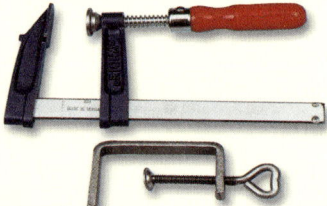

Schraubzwinge und Klemmzwinge.

Bohreinsätze für Holz
Für Holzbohrungen gibt es spezielle Holzspiralbohreinsätze für die Bohrmaschinen. Sie haben eine Zentrierspitze, die dafür sorgt, dass der Bohreinsatz nicht so leicht abrutscht. Der Holzbohrer ähnelt dem Spiralbohrer. Er darf nie für Stein oder Metall benutzt werden.

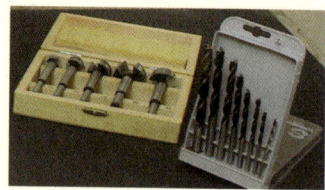

Spezielle Holzbohrer und Fräseinsätze für die elektrische Bohrmaschine.

Bohrständer
In den Bohrständer wird die elektrische Bohrmaschine eingespannt. Betriebsanleitung genau lesen!

Beim Arbeiten mit der Bohrmaschine im Bohrständer sind Schutzbrille und evtl. Haarnetz Pflicht.

Hobelbank
Es ist wichtig, Werkstücke zuverlässig einzuspannen, um sie dann zu bearbeiten. Am besten eignet sich dazu eine Hobel- oder Werkbank. Der Schraubstock ist immer an einem Eckpunkt montiert. Hobelbänke müssen fest und sicher auf dem Boden stehen, damit sie beim Arbeiten nicht wegrutschen.

Schleifpapier oder Schmirgelpapier

Es ist in verschiedenen Körnungen erhältlich. Zum Bearbeiten von Holz wird zunächst meist eine grobe Körnung (80er Korn), für den Endschliff eine feine Körnung (150er oder 180er Korn) verwendet. Achten Sie bei Schleifpapier auf trockene Lagerung, da sich sonst das Bindemittel löst und das Schleifpapier unbrauchbar wird. Sehr gut verwendbar ist das Schleifpapier auf Rollen. Schleifpapier falten und abreißen oder eine spezielle Schere benutzen.

Eine Auswahl verschiedener Schleifmittel.

Schleifklotz

Er kann aus Holz, besser aber noch aus Kork sein. Auf den Schleifklotz wird das Schleifpapier gespannt. Damit lassen sich vor allem glatte Flächen besser bearbeiten.

Raspeln

Mit der Raspel können Unebenheiten abgetragen und scharfe Kanten gebrochen werden. Die Raspel wird zur Verformung des Holzes eingesetzt und ist meist grob gezähnt. Es gibt sie in unterschiedlichen Querschnitten: flach, halbrund oder rund.

Grobe, halbrunde Holzraspeln.

Feilen
Feilen gibt es je nach Verwendungszweck in den unterschiedlichsten Querschnitten sowie in vielen Größen und Breiten. Es gilt: Je härter der Werkstoff, desto feiner die Feile. Mit kombinierten Feilraspeln ist beides möglich, feilen und raspeln.

Feilenbürste
Mit Feilenbürsten werden die Feilen gereinigt, wenn sie mit Holzstaub zugesetzt sind. Dabei sollte stets in Richtung der Furchen gebürstet werden.

Feinsäge
Eine Feinsäge hat einen festen Rücken. Deshalb können Holzteile nur bis zum Anschlagen des Rückens im Holz eingesägt werden. Um dicke Holzteile durchzusägen, brauchen wir den Fuchsschwanz. Eine Feinsäge wird verwendet, um dünne bis mitteldicke Bretter und Leisten zu sägen oder zum Sägen von Gehrungen in der Gehrungslade. Eine Gehrung ist ein Sägeschnitt, der den Winkel teilt. Das Sägeblatt einer Feinsäge ist fein gezahnt. Es wird schräg angesetzt und mit Druck durch die Schnittstelle geschoben. Das Zurückziehen geschieht ohne Druck. Die Schnittstellen sind durch die feine Zahnung des Sägeblatts ziemlich glatt.

Fuchsschwanz
Diese Säge ist meist mit einer mittelgroben Zahnung versehen und eignet sich zum Absägen aller Arten von Holz. Sie ist in verschiedenen Längen und Zahnungen erhältlich.

Fuchsschwanz und Feinsäge.

Gehrungslade oder Schneidlade

Sie ist U-förmig und hilft beim Sägen von Leisten. Einkerbungen als Führungsschlitze für das Sägeblatt ermöglichen ein genaues Sägen von 45°- und 90°-Winkeln. Zum Sägen wird die Leiste in der Sägelade festgespannt. Die Sägelade muss auch auf dem Untergrund fest verankert werden. Vorsicht beim Sägen, dass die Sägelade nicht durchgesägt wird! Gehrungen braucht man z. B. an den Eckverbindungen bei Bilderrahmen.

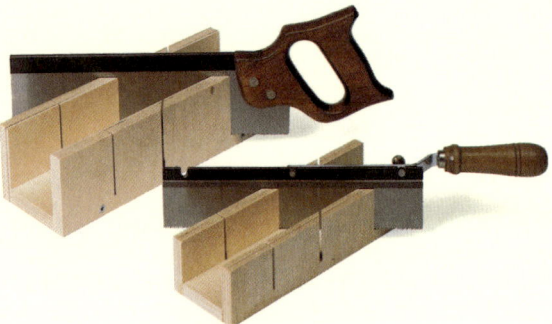

Große und kleine Gehrungslade mit Sägen.

Pucksäge

Die Pucksäge ist eine Spannsäge. Es können verschiedene Sägeblätter für Holz oder Metall eingespannt werden. Durch den Bügel ist die Sägeschnitttiefe begrenzt. Sie eignet sich besonders zum Absägen von Latten und Leisten.

Pucksäge.

Laubsäge
Auch in die Laubsäge können verschiedene Sägeblätter für Holz oder Metall eingespannt werden. In der Regel wird Sperrholz damit gesägt, es können jedoch auch dünne Massivhölzer gesägt werden oder Faserplatten und Karton. Wichtig ist hier, dass für die Anfänge beim Laubsägen das Rundsägeblatt, allseitig schneidend, verwendet wird. Zur Laubsäge gehören ein Laubsägetischchen aus Holz und die entsprechende Zwinge. Der Drillbohrer gehört ebenfalls zur Ausrüstung des Laubsägens. Wir brauchen ihn zum Bohren von kleinen Löchern. In diese kleinen Löcher kann das Sägeblatt eingefädelt werden und das Holz muss nicht von außen eingesägt werden. Das ist beim Sägen von Ornamenten oder Buchstaben wie z. B. beim Buchstaben „B" mit seinen Innenflächen wichtig.

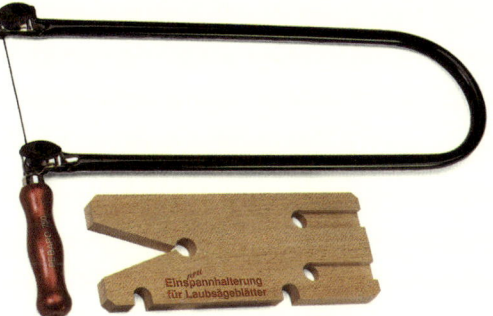

Laubsäge und Sägetischchen.

Beißzange oder Kneifzange
Mit der Beiß- oder Kneifzange werden Drähte, Nägel oder Schrauben abgezwickt. Sie eignet sich auch zum Herausziehen von Nägeln. Falsch eingeschlagene Nägel werden mit den Greifflächen gepackt und langsam aus dem Holz gezogen. Eine Leiste unter der Zangenbacke, über die die Zange abgerollt wird, ermöglicht eine Hebelwirkung und verhindert eine Beschädigung des Holzes.

Kneifzange.

Schraubensortiment

Um gute und belastbare Holzverbindungen herstellen zu können, brauchen wir Schrauben. Länge und Stärke der Schrauben richtet sich nach den Holzstücken, die verbunden werden sollen. Die Schraube muss dem zu verbindenden Material entsprechen, Holzschrauben für Holz, Metallschrauben für Metall.

Es gibt Halbrundkopfschrauben und Senkkopfschrauben. Die Senkkopfschraube schließt nach dem Einschrauben mit der Holzoberfläche ab. Die Halbrundkopfschraube ist erhaben über der Oberfläche. Zum Schraubensortiment gehören Ringschrauben, Flügelmuttern und Unterlegscheiben.

Schraubenzieher

Ein Schraubenzieher hat in der Regel einen Griff aus isolierendem Kunststoff und eine lange, am Ende abgeflachte Klinge. Die Klinge eines Schraubenziehers muss in Stärke und Breite genau in den Schlitz der Schraube passen. Es gibt Längsschlitze und entsprechende Schrauber dazu oder Kreuzschlitze.

Akku-Schrauber

Akku-Schrauber sind ungefährliche, elektrisch angetriebene Maschinen. Sie müssen immer wieder an einer Ladestation aufgeladen und können dann ohne Kabel überall eingesetzt werden. Sie drehen Schrauben leichter hinein oder hinaus, es gibt einen Umstellmechanismus dafür. Es gibt sowohl Einsätze für Längsschlitzschrauben als auch für Kreuzschlitzschrauben. Es kann auch ein Bohreinsatz befestigt werden, sodass auch kleine Löcher mithilfe des Akku-Schraubers gebohrt werden können.

Werkstatttipps

→ Beim Sägen wie beim Bohren gilt: Kleinere Werkstücke müssen eingespannt werden!

→ Holzteile, die bei Sägeübungen anfallen oder bei der Konstruktion eines Objekts übrig sind, kommen in die Restekiste. Sie eignen sich als Versuchsstücke zum Bohren oder können sortiert und geordnet, geschliffen und bemalt und zu eigenständigen Objekten gestaltet werden.

Messen und Anzeichnen

Die experimentelle Phase des Holzwerkens braucht in der Regel kein Messen und Anzeichnen. Je anspruchsvoller die Werke der Kinder jedoch werden, umso mehr stellen sie fest, dass die Teile ineinander passen müssen. Dazu brauchen wir Messwerkzeuge. Wenn Kinder noch nicht alleine messen und anzeichnen können, brauchen sie die Unterstützung des Erwachsenen. Die Angaben der Kinder sind dabei zu befolgen.
Zum Abmessen von festgelegten Längen brauchen wir Maße. Dafür gibt es Lineale, Maßstäbe und Winkel. Zum Anzeichnen verwenden wir einen Bleistift. Ein Zirkel ist für exakte Kreise, die ein Zentrum aufweisen sollen, z. B. für die Herstellung eines Kreisels, wichtig.

Oberflächenbehandlung und Bemalung

Zum Behandeln bzw. Bemalen von Holzoberflächen gibt es ein vielfältiges Materialangebot. Informationen und Kenntnisse über Verarbeitung, Gebrauch und Wirkung ist auf der Verpackung nachzulesen oder wird auf Nachfrage von einem fachkundigen Verkäufer vermittelt.

Holzbeize

Holzbeize ist in vielen Farbtönen zu bekommen. Sie wird in Wasser aufgelöst und mit einem Pinsel, einem Lappen oder Schwamm auf die sehr glatte, geschliffene Holzoberfläche aufgetragen. Wenn wir das Holz vor dem Beizen befeuchten, lässt sich die Farbe stufenlos auftragen. In Gläsern mit Schraubverschluss kann die Beize über einen langen Zeitraum aufbewahrt werden. Für jede Farbe wird ein spezieller Pinsel verwendet. Die Beize verläuft und kann nicht klar abgegrenzt werden. Die Maserung des Holzes bleibt sichtbar und die Oberfläche hat keine Versiegelung. Nach dem Beizen lassen wir das Holzstück einen Tag lang trocknen, bevor wir die Oberfläche mit Lack oder Wachs weiterbearbeiten. Beim Arbeiten mit Beize müssen wir Hände, Kleidung und Arbeitsfläche gegen die Farbe schützen. Farbflecke können aus Textilien und Holz nicht mehr entfernt werden. An den Händen bleibt die Farbe über einen längeren Zeitraum sichtbar.

Lacke

Um eine Oberfläche zu versiegeln, verwenden wir Lack. Er ist ein wasserfester Schutz, der glänzend oder matt sein kann. Die Oberfläche des Holzes muss geschliffen und eventuell mit Hartgrund grundiert werden. Durch den Hartgrund werden feinste Poren gefüllt und die Oberfläche des Holzes ist danach glatt. Lack kann mit dem Pinsel aufgetragen oder gesprüht werden. Sprühlack brauchen wir vor allem bei wasserlöslichen Farben, da sich durch das Auftragen mit dem Pinsel die Farbe anlöst und verwischt wird. Als Unterlage verwenden wir eine Plastiktüte. Sprühlack nur im Freien aufsprühen, Windrichtung beachten! Der Pinsel muss nach dem Auftragen des Lacks mit einer passenden Verdünner-Lösung gereinigt werden. Die Verdünnung nicht ins Abwasser gießen, sondern im Schraubverschlussglas bis zur nächsten Reinigungsaktion aufbewahren. Verdünner möglichst nicht mit der Haut in Kontakt bringen, Dämpfe nicht einatmen.

Wachse und Öle

Mit Wachs oder Öl können wir die Oberfläche optisch veredeln, jedoch nicht gegen Wasser schützen. Die Maserung des Holzes tritt deutlicher hervor und gibt dem Holz ein charakteristischeres Aussehen. Es schützt wenig vor Staub und Schmutz. Die Oberfläche ist nicht versiegelt. Der Auftrag erfolgt mit einem Pinsel oder einem Lappen.

Zeichenstifte

Linien, Muster und Bilder können sehr gut mit Filzstiften, Wachsstiften, Buntstiften, Bleistiften, Füller, Federn usw. auf Holz aufgezeichnet werden. Die Linie ist ein wichtiges Ausdrucksmittel für Kinder und sie hinterlassen auf ihren Gegenständen gern ihre Zeichen und Zeichnungen. Das alltägliche Zeichenmaterial vom Maltisch oder aus der Schultasche kann eingesetzt werden. Wenn Holz als Unterlage dient, müssen wir es mit einer hellen Grundierung aus Acryl- oder Plakafarbe vorbehandeln. Darauf lässt sich dann sehr gut mit Stiften aller Art arbeiten.

Wasserfarben

Wie bei Verwendung von Wasserfarben ist vor der Bemalung der Holzoberfläche das Holz mit Dispersionsfarbe oder Plakafarbe zu grundieren, damit die Wasserfarbe nicht in der Maserung verläuft. Nachdem die Bemalung getrocknet ist, sollte die Oberfläche mit einem Sprühlack versiegelt werden.

Acrylfarben
Durch die Bemalung mit Acrylfarbe ist das Holz gegen Feuchtigkeit geschützt und die Oberfläche ist versiegelt. Die Maserung wird überdeckt und ist nicht mehr sichtbar. Die Farbe erscheint matt und kann in der Oberfläche nur durch Auftragen von Lack glänzend werden. Wenn wir Acrylfarbe mit Wasser sehr stark verdünnen, erhalten wir eine durchscheinende Farbschicht, die die Struktur des Holzes noch erkennen lässt.

Bemalte Holzteile.

Klebstoffe

Holzteile lassen sich auch mit Klebstoff verbinden, vor allem Verbindungen von leichteren, dünneren Holzteilen eignen sich zum Verkleben. Auch beim Kaschieren mit Papier oder Stoff wird mit Klebstoffen gearbeitet.

Weißleim

Weißleim wird in Tuben oder Dosen angeboten. Eine weitere Möglichkeit, Holz zu verbinden, ist das Leimen. Die Flächen, die zusammengeklebt werden sollen, müssen plan, trocken, fett- und staubfrei sein. Der Leim wird dünn und gleichmäßig auf beiden Holzteilen verteilt. Auf großen Flächen nehmen wir dazu einen Pinsel. Der Pinsel muss nach dem Auftragen des Klebers sofort ausgewaschen bzw. in ein bereitgestelltes Glas mit Wasser getaucht werden. Kleine Klebstoffmengen können direkt aus der Tube gedrückt werden. Bei dieser Holzverbindung müssen die beiden Holzteile mit Schraubzwingen zusammengepresst werden, bis der Leim seine volle Klebefähigkeit entwickelt. Das dauert ca. 30 Minuten. Die Zwingen müssen langsam zusammengepresst werden, damit sich der Leim verteilen kann und die Holzteile nicht verrutschen. Austretender Leim wird noch in nassem Zustand mit einem feuchten Tuch abgewischt. Bevor wir mit dem geleimten Werkstück weiterarbeiten, sollte es über Nacht trocknen können.

Heißklebepistole und Klebestäbe

Die Heißklebepistole ist zum Universalklebewerkstoff geworden. Es lassen sich schnell und unkomplizierte Holzverbindungen herstellen, die allerdings nicht so dauerhaft sind wie beim Kleben mit Weißleim. Mit der Heißklebepistole lassen sich auch andere Materialien in Verbindung mit Holz zusammenkleben: Holz und Stoff, Holz und Metall, Holz und Stein, Holz und Papier, Holz und Holz usw.

Mut machen, Erfahrungen vermitteln

Es kann sein, dass bei den Kindern eine gewisse vorsichtige Zurückhaltung beim Umgang mit Werkzeug besteht. Das kann sich beispielsweise in folgenden Sätzen äußern: Ich will ein Schiff bauen. Was brauche ich dazu? Kannst du mir helfen?

Damit Kinder ein Vorhaben verwirklichen können, brauchen sie in gewissen Situationen einen erfahrenen „Handwerker", der sie in ihrem Vorhaben unterstützt. Die Kompetenz im Umgang und Einsatz von Material und Werkzeug erfordert Übung und daraus erwächst Erfahrung. Wer sich für die Einrichtung einer Holzwerkstatt entschließt, muss entweder selbst Kompetenz erwerben oder gemeinsam mit den Kindern einen „Lehrer" suchen. Dies kann ein Großvater, eine Mutter, eine Kollegin oder ein Handwerker im Ruhestand sein, der sich dieser Aufgabe gerne annimmt.

Tanzschiff; freie Holzarbeit aus Kinderhand.

Werkstoff Holz

Sicherheitsmaßnahmen

Mit Werkzeug und Material zu arbeiten, bedeutet Erfahrungen sammeln, die auch schmerzhaft sein können. Es kann dabei auch zu kleineren „Unfällen" kommen: Schürfungen, ein blauer Fleck, eine Schnittverletzung sind möglich. Um sich vor kleinen Verletzungen wie z. B. einem blauen Daumen beim Hämmern oder einer Hautschürfung beim Raspeln und Sägen zu schützen, muss der Umgang mit Werkzeug geübt werden. Wichtig ist, das richtige Werkzeug für einen Arbeitsvorgang einzusetzen und dessen Handhabung zu kennen. Dennoch kann es bei aller Erfahrung zu Verletzungen kommen. Deshalb ist es wichtig, neben der handwerklichen Kompetenz auch ein medizinisches Grundwissen zu haben und die Handhabung von Pflaster, Atemschutz, Haarnetz und Schutzbrille zu kennen. Schutzbrille, Haarnetz und Atemschutzmaske sind im Fachhandel und Baumärkten zu bekommen.

Verbandskasten
Ein Verbandskasten am Arbeitsplatz ist selbstverständlich. Er sollte für die Kinder jederzeit zugänglich und in einer für sie erreichbaren Höhe angebracht sein. Die Kinder sollten wissen, wo es Pflaster und Verbandsmaterial gibt, um kleinere Verletzungen selbst versorgen zu können.

Schutzbrille
Zum Schutz vor Augenverletzungen sollten den Kindern Schutzbrillen zur Verfügung stehen. Beim Bohren oder Schleifen sollten die Schutzbrillen auf jeden Fall getragen werden.

Haarnetz
Lange Haare werden am besten mit einem Haarnetz, einer Mütze oder einem Kopftuch gebändigt.

Atemschutz
Beim Schleifen von Holz entsteht feiner Staub, der nicht eingeatmet werden sollte. Viele Kinder sind heute gegen Staub und feine Holzpartikel allergisch und müssen sich mit Atemschutzmasken dagegen schützen. Beim Arbeiten

sollten die Räume stets gut gelüftet sein. Schleifarbeiten lassen sich sehr gut im Freien ausführen. Auch wenn es regnet oder kühl ist, lässt sich mit entsprechender Kleidung und an einem gut geschützten Platz draußen arbeiten.

Impulse, Projekte und Vorschläge

Die Kinder sollen Arbeitsmaterial und Werkzeug kennen lernen, eigene Erfahrungen damit sammeln und in der Lage sein, Ideen umzusetzen. Im Bilderbuch „Kasimir tischlert" von Lars Klinting (Oetinger Verlag) haben wir ein wunderbares Beispiel dafür, wie ein Produkt, die Werkzeugkiste, entsteht. Der Impuls, diese Kiste zu machen, kommt von Kasimir. Schritt für Schritt wird aufgezeigt, wie diese Kiste gebaut wird. Der Bilderbuchbetrachter kann genau verfolgen, wie der Handwerker sein Ziel, eine Kiste zu bauen, in die Tat umsetzt. Planen, vorbereiten, handeln gehören dazu und der Stolz des Tüchtigen ist neben dem fertigen Produkt der Lohn des Handwerkers. Das bedeutet zunächst, dass wir uns mit dem Arbeitsmaterial und dem Werkzeug vertraut machen.

Sägen

Welche Werkzeuge werden gebraucht?
→ Fuchsschwanz
→ Feinsäge
→ Schraubstock oder Zwinge
→ Laubsäge mit Sägetischchen und Sägeblättchen (rund), Drillbohrer

Welche Arbeitsschritte müssen beachtet werden?
→ Holz wird zum Sägen immer im Schraubstock eingespannt oder mit einer Zwinge festgeklemmt.
→ Zuerst eine kleine Rille ansägen, damit das Sägeblatt nicht verrutscht, dann mit regelmäßigen Sägebewegungen fortfahren. Stoßen, ziehen, so sieht die Sägebewegung aus. Beim Stoßen wird Kraft aufgewendet, das Zurückziehen der Säge geschieht ohne Druck. Wenn sich das Sägeblatt

einklemmt, quietscht es und die Säge blockiert. Das Blatt wieder gerade halten und locker weitersägen. Übung macht den Meister. Sägen ist anstrengend und man kann sich dazu nicht hinsetzen.

→ Beim Sägen mit dem Fuchsschwanz gilt für Kinder: Mit beiden Händen die Säge am Griff halten, damit die groben Sägezähne bei eventuellem Abrutschen keine großen Hautschürfungen hinterlassen.

Laubsägearbeiten

Die Laubsäge mit ihrem Zubehör ist ein Werkzeug, das an jedem Küchentisch (Gruppentisch) eingesetzt werden kann; es wird kein besonderer Werkraum gebraucht. Das Sägetischchen dient als Untergrund für ein dünnes Sperrholz, das gesägt werden soll. Es wird an einem Tisch festgeklemmt und verhindert, dass in die Tischplatte gesägt wird. Statt einer dünnen Sperrholzplatte kann auch ein Stück Weichfaserplatte oder Graupappe als Werkmaterial eingesetzt werden.

Laubsägen ist reine Übungssache! Viele kennen das frustrierende Abreißen der Sägeblättchen. Das Risiko lässt sich wesentlich verringern, wenn wir mit Rundsägeblättern arbeiten. Das schwierige Um-die-Ecke-Sägen entfällt und der rhythmische Bewegungsablauf beim Sägen wird leichter. Ein weiterer wesentlicher methodischer Schritt beim Einführen dieser Technik ist das freie Sägen. Nicht die Linie, die aufgemalt auf dem Brettchen ist, sollte das erste Ziel sein. Es ist die gedachte Linie und die selbst gestellte, zunächst einfache Aufgabe: geradeaus sägen. Dieser Aufgabe folgt die nächste Schwierigkeitsstufe: Kurven sägen, um die Ecke sägen usw. Erst dann sollten sich die Kinder daran versuchen, eine vorgezeichnete Linie nachzusägen. Dass diese Formen und Linien nicht von einer Schablone übertragen oder von einem Erwachsenen vorgezeichnet werden, versteht sich von selbst!

Aus dieser Sägeübung heraus liegen viele einzelne Teile vor uns. Sie können wieder zu einem Ganzen zusammengefügt werden und ein erstes Puzzle ist entstanden. Es wird mit Farbe grundiert und mit Stiften bemalt. Muster entstehen aus dem Augenblick heraus: auf jeden Streifen ein anderes, mit einem anderen Stift, oder das Muster wird großflächig über alle Teile hinweg aufgemalt.

Laubsägearbeit: bemaltes Puzzle.

Aktion: Buchstaben sägen

Eine sehr reizvolle Aufgabe für Kinder ist das Aussägen von Buchstaben. Mit dem Drillbohrer werden kleine Löcher vorgebohrt, durch die das Laubsägeblatt geführt wird, bevor man es im Sägebogen festschraubt. So lassen sich Zwischenräume aussägen, ohne dass vom Rand her eingesägt werden muss. Alle Buchstaben des Alphabets ergeben einen Druckkasten und es können Namen und kurze Texte damit gedruckt werden. Die Buchstaben können auch von den Erzieherinnen mitgenutzt werden, die damit Texte für Plakate und Wandzeitungen gestalten. Auf die Rückseite der Buchstaben Korken aufkleben, damit man die Buchstaben beim Stempeldruck besser anfassen kann.

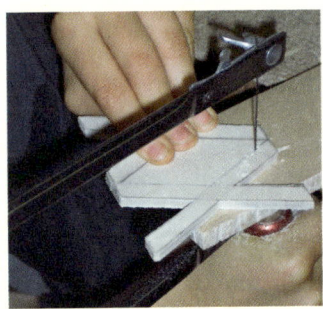

Große Buchstaben werden mit der Laubsäge aus dünnem Holz gesägt.

Mit einem Flaschenkorken als Griff kann besser gestempelt werden.

Bohren und schrauben

Welche Werkzeuge werden gebraucht?
→ Nagelbohrer
→ Handbohrmaschine, Bohreinsätze (Holzbohrer)
→ Elektrische Bohrmaschine, Bohreinsätze (Holzbohrer)
→ Bohrständer
→ Schraubenzieher
→ Akkuschrauber
→ Vorstecher

Zusatzmaterial Holzschrauben
→ Halbrundkopfschrauben
→ Senkkopfschrauben
→ Ringschrauben
→ Hakenschrauben
→ Unterlegscheiben
→ Flügelmuttern

Welche Arbeitsschritte müssen beachtet werden?
Wie beim Sägen muss auch hier das Holz eingespannt werden, entweder mit Schraubzwingen am Tisch oder in einem Schraubstock. Das Holz würde sich sonst drehen. Das Einspannen des Werkstückes ist ein wichtiger und selbstverständlicher Arbeitsschritt, der zum Gelingen der Arbeit und als Aspekt der Unfallverhütung unbedingt zu beachten ist.
Als Bohrunterlage wird ein massives Brett, ein Stück Abfallholz verwendet. Zum einen wird dadurch der Tisch geschützt, zum anderen reißt die Maserung des durchbohrten Holzstückes nicht aus, wenn der Bohrer das Holz des Arbeitsstücks durchbohrt.
Dort, wo der Bohrer angesetzt werden soll, machen wir mit dem Vorstecher eine Markierung. Die Spitze des Bohreinsatzes kann beim Ansetzen nicht mehr abrutschen. Vorsicht! Die Vorstecher sind sehr spitz! Verletzungsgefahr! Dieser Arbeitsschritt muss sehr gut gezeigt werden und soll vom Kind nur dann selbstständig ausgeführt werden, wenn der Erwachsene zuschaut und helfen kann.

Wenn wir eine Schraube eindrehen wollen, müssen wir vorbohren, damit das Holz nicht reißt und die Schraube leicht eingedreht werden kann. Wir bohren das Loch am besten mit der Bohrmaschine vor. Es ist logisch, dass das vorgebohrte Loch kleiner sein muss als der Durchmesser der Schraube. Das Verhältnis ist etwa 2 : 3, also beispielsweise vorbohren mit einem 4-mm-Bohrer, um dann eine 6-mm-Schraube problemlos eindrehen zu können. Die Schraube hat entweder einen Schlitz oder ein Kreuz in ihrem Kopf. Der Schraubenzieher wird danach ausgewählt.

Raspeln, feilen und schmirgeln

Welche Werkzeuge werden gebraucht?
→ Raspel: flach, halbrund, rund, vierkant, dreikant
→ Feile: flach, halbrund, rund, vierkant, dreikant
→ Schleifpapier: unterschiedliche Körnungen (jeweils auf der Rückseite des Papiers angegeben)
→ Schleifklötzchen: alte Bauklötzchen, Rundhölzer
→ Reißnägel zum Befestigen des Schleifpapiers

Mit dem Schleifklotz und Schmirgelpapier wird die Holzoberfläche geglättet.

Welche Arbeitsschritte müssen beachtet werden?
Auch beim Raspeln und Feilen wird das zu bearbeitende Holzstück immer eingespannt. Raspel und Feile nehmen wir, um Holz zu verformen. Kerben, Vertiefungen, Schrägen und Spitzen werden zuerst mit der groben Raspel gemacht. Danach nehmen wir die feiner gezahnte Feile und bearbeiten das Holz weiter. Um das Holz ganz fein zu schleifen, nehmen wir zuletzt das Schleifpapier. Schleifen findet in mehreren Arbeitsschritten statt. Nach dem ersten Schleifgang wird das Werkstück abgewaschen. Die Oberfläche wird dadurch wieder rau. Nach dem Trocknen des Holzstückes wird die nächstfeinere Körnung des Schmirgelpapiers verwendet und der Vorgang wiederholt. Das machen wir so oft, bis sich nach dem Trocknen keine Holzfasern mehr aufstellen und die Oberfläche sich ganz glatt anfühlt. Diese Oberfläche können wir nun mit Wachs, Lack, Beize oder Farbe bearbeiten.

- **Aktion:** Holzkugelkette
Aus Holz lassen sich auch schöne Schmuckstücke fertigen, z. B. eine Kette aus glatt geschliffenen Holzkugeln. Kleine eckige Holzklötzchen werden durchbohrt, anschließend werden die Ecken abgeraspelt. Dann wird das Holz weiter in seine runde Form geraspelt und gefeilt. Irgendwann lässt sich die Kugel nicht mehr einspannen und muss vorsichtig über die Feile bzw. über das Schmirgelpapier gezogen werden. Am Ende dieser Arbeitsschritte stehen Kugeln, die, egal ob sie vollkommen rund oder doch eher eiförmig gearbeitet wurden, schmeichelhaft glatt und wunderbar gemasert sind. Sie können auf ein dünnes Lederband oder ein Stück Schnur als Kette aufgefädelt werden.

Geschliffene und durchbohrte Holzkugeln zur Kette aufgefädelt.

Nageln

Welche Werkzeuge werden gebraucht?
→ Hammer
→ Nägel in unterschiedlichen Größen (12, 18, 30 und 50 mm; preiswert sind Großpackungen)

Der Hammer hat einen Holzstiel. Der schwere Teil des Hammers ist der so genannte Kopf. Er ist aus Stahl und sollte eine möglichst breite Schlagfläche haben. Die keilförmige Hammerseite ist die Finne.

Welche Arbeitsschritte müssen beachtet werden?
Zum Nageln halten wir den Hammer locker in der Hand, möglichst weit hinten am Griff, damit das Gewicht des Hammerkopfes schwer nach unten auf den Nagelkopf treffen kann. Der Hammer kann leicht daneben gehen, deshalb nehmen wir zum Üben am besten Nägel mit großen Köpfen. Wenn die Nägel krumm werden, brauchen wir zum Herausziehen eine Zange. Als Nagelhilfe für kleine Nägel können sie in ein festes Papier oder ein Stück Pappe gesteckt werden. Das Papier als Griff benützen und wegreißen, bevor der Nagel ganz eingeschlagen wird, sonst ist das Papier mit angenagelt.
Nägel können das Holz spalten oder sprengen. Um das zu vermeiden, können wir den Nagelkopf stauchen. Der Nagelkopf wird auf einen Metalluntergrund und mit einem leichten Hammerschlag stumpf geschlagen.
Mit Polsternägeln, Reißnägeln, Haken, Ösen und Ringschrauben lassen sich Verzierungen und Objekte herstellen. Für Verbindungen und Gelenke brauchen wir zusätzlich Schnur und Lederreste.

Räder für Fahrzeuge

Um Räder herzustellen, verwenden wir fertige Holzscheiben oder Scheiben, die von Ästen abgesägt wurden. Genau in der Mitte der Scheibe muss das Loch für die Achse gebohrt werden, sonst läuft das Rad nicht rund und „eiert" beim Fahren. Die Achse kann ein eingeleimter Dübel sein oder ein eingeschlagener Nagel. Um den Mittelpunkt zu bestimmen legen wir die Radscheibe auf ein Papier und umfahren sie mit einem Stift. Die Papierscheibe schneiden wir aus und falten sie zweimal, sodass wir ein Viertel der Scheibe vor uns haben. Die äußerste Spitze der Papierscheibe wird abgeschnitten. Beim Öffnen der Papierschablone wird nun ein kleines Loch in der Mitte sichtbar. Die Papierschablone legen wir auf das Holzrad und zeichnen den Mittelpunkt an. Wenn wir unterschiedliche Radgrößen haben, die immer wieder verwendet werden, stellen wir am besten für jede Radgröße eine Schablone aus Pappe her, die am Werktisch ihren Platz findet. Ist die Radmitte angezeichnet, muss das Loch gebohrt werden. Die runden Teile lassen sich schlecht einspannen und drehen sich beim Bohren leicht aus der festgespannten Position. Bei dieser Arbeit muss den Kindern geholfen werden. Die Achsen aus Dübelholz werden im Rad verleimt. Damit sich die Räder problemlos drehen können, werden Unterlegescheiben zwischen Rad und Achse gelegt. Mithilfe einer Leiste wird die Höhe der Bohrung für die Achse am Fahrzeug festgelegt und angezeichnet. Achtung! Die Bohrung darf nicht höher liegen als die Hälfte des Raddurchmessers. Sonst dreht sich das Rad nicht beim Fahren.

Holzauto mit drehbaren Rädern.

Ideenwerkstatt

Eine Auswahl an Ausgangsmaterialien liefert Zündstoff für die Fantasie der Kinder. Was könnte aus einer Obstkiste oder einem Ast entstehen? Wofür könnte sich ein glattes Stück Treibholz eignen? Schnell hat jedes Kind eine Idee davon, was es verwirklichen will. Aber auch umgekehrt entstehen die fantasievollsten Objekte: Kinder, die bereits Erfahrung mit dem Werkstoff Holz haben, suchen und finden die besten Ausgangsstücke für ein Objekt, das sie umsetzen wollen. Aus den vielen Vorschlägen der Kinder entsteht ein Ideenbuch der ganz besonderen Art. Die Unikate werden fotografiert und können zu einem Sammel- und Bilderbuch von Kinderarbeiten werden.

Aktion: Obstkisten-Objekte

Aus Obstkisten vom Gemüseladen kann ein Puppenbett, ein Rennwagen, eine Tür für den Bärenkäfig in der Bauecke oder einfach nur ein schönes Brett gemacht werden. Das Holz ist minderwertig, splittert leicht, lässt dadurch jedoch auch zu, dass es von Kindern ohne große Mühe gebrochen werden kann. Es lässt sich leicht schichten, nageln (kleine Nägel nehmen, die Spitze flach klopfen), kleben oder ganz unkonventionell mit Draht, Schnur oder einem Klebeband zusammenwickeln. Die dünnen Brettchen werden zu einem Floß, einer Kiste oder zu kleinen Figuren verändert. Es entstehen zarte, zerrupft wirkende Gebilde. Wenn die Brettchen auf dickere Latten und Bretter genagelt werden, können Fahrstraßen für kleine Autos, Murmelbahnen oder erfundene Gebilde wie Labyrinthe und Spielplätze entstehen.

Alles Obstkisten: Bethlehems Stall und Landschaftsbild.

Aktion: Ast-Ideen

Ein Ast von einem gefällten Baum wird in den Kindergarten mitgebracht. Wir können die Rinde abschälen und ihn ganz „glatt" machen. Wir können viele kleine Scheiben absägen und in die Mitte ein Loch bohren. Wenn wir die Scheiben mit anderen Materialien abwechselnd auffädeln, entsteht eine Kette.

- **Aktion: Treibholz-Fantasien**
Aus dem Bach haben wir ein Treibholz geangelt. Es fühlt sich nach dem Trocknen ganz glatt an. Ein Handschmeichler aus der Natur. Es sieht aus wie eine Schlange, ein Krokodil, ein Fisch ... Wir versuchen, das gefundene Objekt zu deuten. Mit Stiften malen wir eine „Haut" auf die glatte Oberfläche und lackieren sie anschließend mit Sprühlack, damit die Farbe haften bleibt. Wir wollen versuchen, ein raues Stück Holz durch Schleifen ebenso glatt zu machen wie das Fundstück. Wenn wir Räder an das gefundene Treibholzstück machen, entsteht ein außergewöhnlicher „Flitzer".

Ein Holz-Fundstück nach dem Schleifen.

- **Aktion: Holzring**
Ein Schmuckstück für den Finger lässt sich ganz einfach aus Holz herstellen. Ein flaches Holzstück wird mit einem Loch versehen, sodass es auf den Finger gestreift werden kann. Das Loch kann mit dem Spiralbohrer gebohrt oder mit der Laubsäge ausgesägt werden. Die Form des Rings kann nun beliebig gestaltet werden. Durch Schleifen erhält er eine gefällige, glatte Form und lässt sich besser überstreifen. Zum Schluss kann er bemalt und mit kleinen, aufgeklebten Schmuckperlen verziert werden.

Holzstempeldruck

Als traditionelles Druckverfahren kennen wir den Holzschnitt. Dabei wird mit speziellen Werkzeugen das Motiv in eine Holzplatte geschnitten. Linien und Flächen, die beim Abdrucken unbedruckt bleiben sollen, werden ausgeschält. Der Holzschnitt ist eine der ältesten Drucktechniken, die ersten Holzdrucke in Europa entstanden im 15. Jahrhundert. Damals bedruckte man so genannte Flugschriften. Mit diesen Flugblättern wurden Neuigkeiten aus dem Land in Bild und Schrift weitergegeben. Die Technik ist ähnlich wie beim Linolschnitt. Beide Techniken eignen sich nicht für Kinder im Vorschulbereich, da scharfes Werkzeug zum Bearbeiten des Druckstocks benötigt wird.

Aktion: Holzstrukturen drucken

Statt mit scharfen Werkzeugen bearbeitete Holzdruckstöcke kann man mit einem einfachen Holzklötzchen als Holzstempel drucken. Das Holz und seine Struktur sind schon das Motiv für diesen einfachen Druckstock. Das Holzklötzchen aus Weichholz wird auf der Seite quer zu den Jahresringen mit einer Drahtbürste gebürstet. Die härteren Teile der Jahresringe bleiben erhaben und beim Abdrucken können wir Struktur und Wuchs des Materials erkennen.
Der Stempel kann auch durch Sägen, Raspeln, Feilen und Bohren strukturiert werden. Dabei wird längs oder quer zur Faserrichtung des Holzes gearbeitet. Einfacher ist es, quer zur Faser zu schneiden. Ein Lattenstück, dessen Oberfläche glatt geschmirgelt wird, wird mit Sägen, Raspeln oder Feilen bearbeitet, die Kerben in der Oberfläche hinterlassen. Das Holzstück muss beim Bearbeiten unbedingt eingespannt werden. Am besten lassen sich diese Arbeiten in der Holzwerkstatt bewerkstelligen (siehe Kapitel Holz). Mit dem fertigen Druckstock kann man unterschiedliche Druckträger bedrucken.
Die Farbe wird mit dem Pinsel oder der Walze aufgetragen und abgedruckt. Experimente, wie oft ein Druckstock abgedruckt werden kann, bevor er wieder eingefärbt werden muss, ergeben interessante Hell-dunkel-Effekte. Das Gefühl für die Gliederung einer Fläche durch Regelmäßigkeit wird dadurch gefördert. Reihen können gedruckt werden, wobei der Druckstock abwechselnd senkrecht und waagrecht aufgesetzt oder einfach nur verschoben wird. Schon durch kleine Veränderungen ergeben sich unterschiedliche grafische Wirkungen. So lässt sich das Spiel mit der bedruckten Fläche in vielen Variationen erproben.

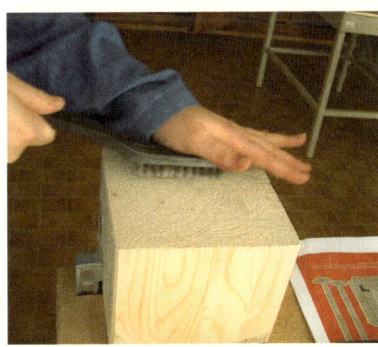

Mit der Drahtbürste wird die Struktur der Jahresringe herausgearbeitet.

Auf den eingefärbten Druckstock wird Papier gepresst.

Werkstoff Holz **135**

Werkstoff Erde, Sand und Ton

Erde – die elementare Grundlage

Wenn wir nicht alle in Häusern mit Teppichböden, Parkett oder Fliesenböden, sondern wie unsere Vorfahren in Höhlen leben oder mit Zelten aus Tierhäuten von Ort zu Ort ziehen würden, wie es heute nur noch wenige Nomaden tun, dann wäre uns die Erde, auf der wir gehen, sitzen, liegen, robben oder krabbeln sehr vertraut. Wir wüssten, wie sie sich hart und trocken, feucht und warm, weich und gefroren, durchnässt und matschig anfühlen würde. Wir wüssten genau, wie sie sich je nach Jahreszeit in Temperatur, Konsistenz und Farbe verändert.

Erde, Sand und Ton

Erde ist nicht gleich Erde

Erde ist sehr unterschiedlich, schon im näheren Umkreis kann es ganz verschiedene Arten geben. Wir finden eine reichhaltige Auswahl davon und wenn wir bei kleineren Ausflügen in die nähere Umgebung immer mit Plastiktütchen und kleiner Eisenschaufel ausgestattet sind, können wir eine Sammlung der gefundenen Erde anlegen. Sie wird getrocknet und in Gläser gefüllt. Auf einem kleinen Schild (z. B. ein Stück Klebeband) auf dem Glas wird die Fundstelle angegeben. Es sieht sehr schön aus, wenn gleiche Behältnisse für die Sammlung verwendet werden. Betrachten wir nun die Erdproben, stellen wir fest, wie verschieden sie sind. Sie unterscheiden sich in Konsistenz, Farbe, Körnung und in ihrer Zusammensetzung.

- **Aktion: Erd-Sammlung**
  Wir sammeln mit den Kindern bei Exkursionen in die nähere oder weitere Umgebung Erde. Die Erde wird mit verschiedenen Siebrastern durchgesiebt. Es gibt zuerst grobe Erdhäufchen mit Steinchen versetzt, dann feinere und wenn mit dem Teesieb der letzte Durchgang gemacht wird, ist die Erde fast pulverartig. Diese Erdproben können nun in Gläsern oder in Bechern mit Wasser vermischt werden. Beim Umrühren wird das Wasser trüb und nimmt die Farbe der eingefüllten Erde an. Wenn wir das Glas eine Weile stehen lassen, können wir beobachten, wie sich die festen Teilchen wieder absetzen und das Wasser fast klar über der Erde stehen bleibt.

Erdschichten

Wie verschiedenartige Erde geschichtet aussieht, lässt sich sehr gut bei einem Blick in eine frisch ausgehobene Baugrube beobachten. Wie ein abgeschnittenes Tortenstück liegt die unbewachsene, nackte Erde vor unseren Augen. Schicht um Schicht ist sichtbar. Humus als die oberste Schicht besteht aus organischem Material. Er ist fruchtbar und dunkel in der Farbe und gibt Pflanzen Nährstoffe für ihr Wachstum. Dann folgen entweder sandige, kieshaltige oder lehmige Schichten. Erdfarben in vielen Variationen. Die Wohnverhältnisse, die wir in unserem Alltag vorfinden, sind so unterschiedlich, dass wir auch die verschiedensten Möglichkeiten von Erdfundorten in Betracht ziehen sollten. An Steilhängen, Abrutschhalden, Tagebaubetrieben, auf Erdaushubdeponien, an Bachufern, auf frisch gepflügten Äckern oder an den Wurzelballen umgestürzter großer Bäume können wir einen Blick und Einsichten auf das, was unter der obersten Erdschicht verborgen liegt, bekommen.

- **Aktion: Was ist unter dem Rasen?**
  Welche Erdschichten finden wir, wenn wir im Gartengelände ein tiefes Loch graben? Diese Frage können wir nach dem Besuch einer Baugrube ganz praktisch nachgehen, indem wir ein Loch graben. Es gibt im Außengelände oder auf einem freien Feld sicher eine Stelle, wo wir mit Spaten, Schaufeln und Eimern ausgerüstet dieser Frage nachgehen können.

- **Aktion: Spiel am Wasser**
  Der nasse Sand an Meeresstränden ist eine große Verlockung für Kinder und Erwachsene, etwas zu formen. Die Feuchtigkeit gibt dem Sand Halt und so entstehen Sandburgen mit Türmen und Wällen, die mit Muscheln und Steinchen geschmückt werden, Burggräben und Flussläufe, Sandkuchen und frei erfundene Gebilde, die aus reiner Lust, sich den Sand durch die Finger rieseln zu lassen und damit zu bauen, entstehen.

Ein ganzer Strand voll nassem Sand für große Bauvorhaben.

Sand-Burg mit Brücke, Türmen und Straßen.

Gemahlene Steine

Ein Besuch bei einem Steinmetz oder einer Baufirma gibt Einblicke, was mit den „harten Brocken", den Steinen, geschieht. Steine sind die dichteste und härteste „Erdart" und wir bringen sie zunächst nicht mit Sand oder Staub in Verbindung.

Beim Steinmetz und in Baufirmen werden Steine gesägt und behauen. Dabei entsteht als Abfallprodukt sehr feines Gesteinsmehl. Jede Gesteinsart hat eine andere Farbe. Wenn wir das Gesteinsmehl beim Steinmetz mitnehmen und in ein Glas füllen, können wir den gemahlenen Stein sehen. Er hat seine Farbe behalten, wurde jedoch beim Sägen zu feinstem Pulver gemahlen und hat alles von seiner vorherigen Konsistenz verloren. Er ist nicht mehr hart, lässt sich in Eimer oder Tüten füllen und portionsweise wegtragen. Wir können sein Pulver mit Wasser oder mit Wasser und Kleister verrühren und zu Steinbrei machen.

Farben aus Erde

Mit Erde zu malen, ist wie so vieles andere keine Erfindung der Moderne, vielmehr ist es eine Fortentwicklung dessen, was vor vielen tausend Jahren begonnen hat. Dass sich die Menschen ausdrücken wollten, dass sie Bilder ihres Lebens, ihres Alltages festhalten wollten, sehen wir in den ältesten Zeugnissen der Kunst. Sie sind rund 35 000 Jahre alt und geben Einblick in die Ausdrucksformen der Menschen dieser frühen Zeit. Während zu Anfang nur geometrische Figuren, Symbole und einfachste Umrisse von Tieren in den nackten Fels geritzt wurden, kamen nach und nach Farben aus Erde als Gestaltungsmittel dazu. Die Darstellungen von Tieren, Jagdszenen und rituellen Handlungen wurden immer differenzierter. Vor 18 000 Jahren entstand eines des schönsten Beispiele für die Kunst dieser Zeit: die Höhle von Lascaux.

Höhlenmalerei erleben

Falls Sie Gelegenheit haben, mit den Kindern im Internet zu surfen, sollten Sie unbedingt der Höhle von Lascaux einen „Besuch" abstatten. Unter „http://www.culture.fr/culture/arcnat/lascaux/de/index.html" ist das möglich. Diese Internetadresse ist eine Kinderseite, die sowohl Kindern als auch Erwachsenen einen Einblick in die Höhle geben kann. Sehr interessant wird über Bilder in der Höhle, über die Entdeckung und deren Geschichte berichtet. Der virtuelle Gang durch die Höhle ersetzt niemals einen Besuch in einer Höhle, aber er macht unglaublich Freude und weckt das Interesse, sich mit Höhlen, Farben, Malen auf Stein, den Menschen dieser Zeit usw. zu beschäftigen. Es verlockt auch zu Höhlenbesuchen in unserer näheren Umgebung, je nach Wohnort. Vielleicht ist es gar nicht so weit bis zur nächsten Höhle. Und Lascaux oder eine andere Höhle mit Höhlenmalereien – sie sind ebenfalls auf der oben angegebenen Internetseite zu finden – kann von den Kindern irgendwann einmal im Urlaub mit den Eltern besucht werden.

Von den Höhlenmalern lernen

Von den Höhlenmalern können wir etwas über das Auftragen von Farben lernen. Sie hatten keine Pinsel wie wir, sie mussten sich anders behelfen, um die Farbe an die Wand zu bekommen. Sie stellten kleine Farbkreiden her. Dazu nahmen sie Pigmentbrocken, die sie in der Nähe oder auf den weiten Wegen ihrer Suche nach Nahrung fanden. Der Farbstoff wurde zerrieben und mit einem Bindemittel vermischt. Als Bindemittel diente mit Wasser vermischter Kalk und die Farben waren Mangan und Ocker. Die Mischung dieser Stoffe ergab eine Farbe, die entweder breiig, pastenartig oder fest wie eine Kreide war. Als Pulver, Paste oder Stift standen die Farbmittel zur Verfügung. Zum Auftragen der Farben auf die Felswände nahmen die Menschen der damaligen Zeit ebenfalls die Dinge, die ihnen zur Verfügung standen. Paste trugen sie mit den Händen oder mit einem Spatel aus Holz oder Knochen auf und flüssigere Farbe wurde mit Fell oder Haarbüscheln aufgetupft. Das trockene, pulverisierte Pigment pustete man in einer Blastechnik auf den feuchten Untergrund. Das kann man zum Beispiel an den gescheckten Fellen der Tiere sehen. Die Umrisslinien der Tierkörper wurden mit Holzkohle gemalt.

Mit fein gesiebter Erde oder Steinpulver können wir selbst nach ganz einfachen Verfahren Erdfarben herstellen und ungewöhnliche Malgründe bemalen. Um Malfarben herstellen zu können, müssen farbige Materialien wie Farberden, Mineralien oder farbige Gesteine zu feinem Pulver gesiebt oder zermahlen werden. Das wissen wir von den Höhlenbewohnern.

- **Aktion:** Kreide aus Gips und Farbpigmenten
- Benötigtes Material:
- → 3 Esslöffel Farbpigmente
- → etwa 1/2 Tasse Wasser
- → 3 Esslöffel Gips
- → mehrere kleine Pappbecher

Farbpigmente können in Pulverform in Künstlerbedarfsläden, im Baumarkt oder beim Malerfachhandel gekauft werden. Es lassen sich auch selbst hergestellte Pigmente aus Erde oder fein gemahlenem Stein verwenden. Die benötigte Menge richtet sich nach Feinheit des Pulvers und erwarteter Farbintensität der Kreide. Durch die Zugabe von Farbpigmenten verändert sich das Abbindeverhalten von Gips. Der Gipsanteil sollte mengenmäßig mindestens ebenso groß sein wie der Anteil von Zusatzstoffen.

Wasser, Gips und Farbpulver vermischen. Achtung: Den Gips immer in Wasser geben! Auf keinen Fall das Wasser in den Gips gießen! Die zähflüssige Masse in einen sehr schmalen Pappbecher geben und ein bis zwei Tage trocknen lassen. Nach dem Trocknen wird der Becher abgeschält. Zurück bleibt eine große, griffige Kreide, mit der wir sehr gut auf die Straße oder auf raue Untergründe malen können.

Bilder mit selbst gemachten Kreiden gemalt.

Werkstoff Erde, Sand und Ton

Farbpigmente und Farbstoffe

Die klein gemahlenen Teilchen, die aus farbiger Erde gewonnen werden, heißen Pigment. Damit das Pigment an der Maloberfläche haften bleibt, wird es mit einem so genannten Bindemittel vermischt. Dabei ist wichtig, dass sich das Pigment nicht im Bindemittel auflöst, sondern als festes Teilchen in der Flüssigkeit ist. Farbpigmente hinterlassen auf dem Malgrund immer eine Farbschicht. Diese Schicht sitzt auf der Oberfläche und färbt diese nicht durch, im Gegensatz zu Farbstoffen. Farbstoffe sind grundsätzlich löslich und brauchen deshalb kein Bindemittel. Sie werden zum Färben verwendet. Wenn sie zum Malen verwendet werden, dringt der Farbstoff in das Papier ein und es bleibt beim Malen mit den Farbstofflösungen keine Farbschicht an der Oberfläche zurück.

Beispiele für Farbpigmente
Farbpigmente sind feste Farbteilchen, sie lösen sich nicht auf und bleiben als Farbschicht an der Oberfläche des Malgrundes. Maler malen mit Farbpigmenten. Farbpigmente finden sich z. B. in Deckfarben, Temperafarben, Aquarellfarben, Ölfarben, Lackfarben, Sprühdosenfarben, Acrylfarben, Dispersionsfarben, Tusche, Holzfarbstifte, Wachsmalkreide, Pastellkreide, Tafelkreide, Druckerschwärze, Druckfarbe.

Beispiele für Farbstoffe
Die Farbstoffe, die in verschiedenen Flüssigkeiten löslich sind, dringen in die Struktur des bemalten Stoffes ein und färben ihn. Färber färben mit Farbstoffen. Farbstoffe finden sich z. B. in Textilfarbstoffen, Holzbeizen, Pflanzenfarbstoffen (Holundersaft, Heidelbeersaft, Rote-Beete-Saft, Rotwein, Tee usw.), Tinte, Filzmalstiften, Stempelfarbe, Lebensmittelfarbstoffen, Haarfärbemitteln usw.

Farbpigmente: Die Palette ist riesengroß.

Bindemittel für Farbpigmente

Um Farbpigmente an eine Flüssigkeit zu binden und eine streichbare Farbe zu erhalten, braucht man Bindemittel. Es gibt in der Malerei sehr verschiedene Bindemittel, die meisten sind nicht für den Malbereich mit Kindern geeignet.

Eine Auswahl von Bindemitteln in der Malerei
→ Wässrige Bindemittel
   Organisch: Haut- und Knochenleime, Eiweiß, Blut
   Pflanzlich: Stärkekleister, Zellulosekleister, Gummileime
→ Ölige Bindemittel
   Leinöl, Walnussöl, Sonnenblumenöl, Leinölfirnis, Öllacke
→ Feste Bindemittel
   Wachse (Bienenwachs, Pflanzenwachs, Erdwachs)
   Fette (Schminke, tierische Fette)
   Kunstharze
→ Emulsionen
   Natürliche Emulsionen: Eigelb, Milch
   Künstliche Emulsionen: Ei/Öltempera, Kasein/Öltempera, Kleister/Öltempera

Aktion: Malfarbe selbst gemacht
Hier das Rezept einer Kleister-Öltempera-Emulsion, die sich sehr gut mit Farbpigmenten verbindet und in ihrer Zusammensetzung unbedenklich ist. Sie ist relativ preiswert, lässt sich einfach selbst anrühren und zum Malen mit der ganzen Kindergruppe anwenden.
1 Esslöffel Leinöl auf 1 Liter Kleister. Unter ständigem Rühren wird der Leinölfirnis dem Kleister beigemischt. Dann werden die Farbpigmente eingerührt, bis die Masse die gewünschte Färbung hat. Es entsteht eine Emulsion, die eine gute Bindefähigkeit aufweist.

Aktion: Asphaltbilder

Trockene, gesiebte Erde wird in Gläsern mit Wasser angerührt, sodass ein dickflüssiger Farbbrei entsteht. Das ist das einfache Rezept, um Erdfarbe für die Bemalung von Asphalt herzustellen. Diese Farbe verbindet sich nicht allzu lange mit der Oberfläche der Straße, dem Gehweg oder dem Hof. In getrocknetem Zustand ist die Farbe, die eigentlich nur aus purer Erde besteht, wenn das Wasser verdunstet ist, bald abgerieben. Der Wind trägt die kleinen Pigmentteilchen davon. Wenn es dann auch noch regnet, tut das Wasser ein Übriges dazu: Die Bilder lösen sich auf, die kleinen Teilchen werden weggeschwemmt. Es gibt kein Wegwischen-Müssen, kein Entsorgen, kein Umweltproblem. Der Untergrund, auf den gemalt werden kann, ist fast unbegrenzt vorhanden: Alle asphaltierten oder gepflasterten Untergründe eignen sich sehr gut.

Selbstporträts, Bäume, die in den Himmel wachsen oder einfach nur ein fantasievolles Muster – die Kinder malen, was ihnen einfällt.

Bei einem Sommerfest könnten die Kinder ein gemeinsames, großes Bild auf die Straße malen. Wir müssen nur rechtzeitig daran denken, dass eine Straßensperrung beantragt werden muss. Wir brauchen zum Malen verschiedene Erdfarben, Wasser zum Verdünnen des Erdbreis und zum Auswaschen der Pinsel, Becher und kleine Eimer, alte, dicke Borstenpinsel oder selbst gemachte Quastenpinsel (sie bestehen aus Stöcken und Stoffstreifen, die um das Stockende geknotet werden).

Auf dem Asphalt entstehen Bilder mit selbst gemachter Erdfarbe.

Erdfarben auf reißfestem Papier

Die grob- oder feinkörnigen Erden werden für das Malen auf Papier oder Pappe mit Kleister als Bindemittel vermischt. Die so entstandene zähflüssige Farbmasse lässt sich gut mit Pinsel, Quaste, Spachtel oder mit den Händen auftragen. Als Malgrund verwenden wir Verpackungsreste, am besten alte Kartons. Pappe hat den Vorteil, dass sich ihre Oberfläche nicht so schnell auflöst. Zum Bemalen eignen sich auch Tapetenpapierreste oder selbst gemachte große Papierbahnen aus Zeitungspapier.

Farbfelder auf Papier: mosaikartige Bilder.

Erdfarben auf Stoff

Schon vor Jahrhunderten bannten Maler ihre Kunstwerke auf Leinwand. Ein stabiler, fest und dicht gewobener Stoff wird auf einen Holzrahmen gespannt. Noch besser ist es, ihn straff über eine stabile Pappe oder eine Holzplatte (Pressspanplatte) zu ziehen und auf der Rückseite mit einem Tacker zu fixieren, dann hängt der Stoff nicht durch, wenn die schweren, nassen Erdfarben aufgetragen werden. Mit einer Grundierung (aus dem Baumarkt oder dem Malerbedarfsgeschäft) wird die Oberfläche so behandelt, dass die Farben gut haften und nicht im Stoff „versinken".

Aktion: Eine Fahne für die Gruppe

Auch Stoff ist ein sehr guter Träger für Farbe. Am besten geeignet sind Stoffe aus pflanzlichen oder tierischen Fasern. Die bekanntesten sind Baumwolle, Leinen, Jute und Wolle. Der Stoff sollte gewaschen sein. In der Regel werden wir alte textile Materialien verwenden. Mit einem Klebeband fixieren wir den Stoff auf dem Untergrund – das kann ein Tisch, der glatte Boden aus Stein oder Fliesen sein. Das Bindemittel für die Farbpigmente ist Kleister mit Weißleim gemischt. Der getrockneten Weißleim als Bindemittelzugabe verhindert, dass sich die Farbe der Fahne, die Wind und Wetter ausgesetzt ist, bei Nässe und Feuchtigkeit auflöst. Mit Holzkohle können schwarze Zeichen und Linien gemacht werden.

Aktion: Ersatzleinwände

Eine andere Möglichkeit, auf Stoff zu malen: Ein Stück Pappe wird zugeschnitten, ein Stück Tuch wird darüber gelegt und auf der Rückseite festgeklebt. Das kommt dem Malen auf Leinwand, wie es die großen Maler machen, schon sehr nahe. Die Pappe für diese Ersatzleinwände können auch auf der Vorderseite mit Kleister bestrichen und der Stoff kann dann fest mit dem Untergrund verklebt werden. Dabei müssen wir beachten, dass die Papprückseite auch beklebt wird. Diese kaschierte Schicht ist entweder aus Papier oder ebenfalls aus Stoff. Der Karton wölbt sich durch den Auftrag des feuchten Klebers stark. Um diese Wölbung auszugleichen, ist es notwendig, dass er auf beiden Seiten bezogen wird. Der Karton kann nun auf beiden Seiten bemalt werden. Die Bilder sind so auf stabilen Malgründen und können aufgestellt oder aufgehängt werden. Eine Bildergalerie entsteht. Die Malgründe können immer wieder übermalt werden. Die großen Maler sind auch nicht immer mit ihren Werken einverstanden und malen dann einfach ein anderes Bild darüber.

Materialkunde Ton

Ton entsteht in der Natur, fast überall können wir ihn finden. Er ist verwittertes Gestein, das durch Hitze und Kälte, Wasser, durch Druck und Bewegung des Gesteins in immer kleinere Teilchen zerlegt wurde.
Fels – Kies – Sand – Ton, in diesen grob eingeteilten Schritten vollzieht sich der Umgestaltungsprozess. Tonteilchen sind kleine Plättchen mit einem Durchmesser von 0,02 mm. Es ist nur so groß wie ein Staubteilchen, deshalb können wir ein Tonplättchen mit bloßem Auge nicht sehen. Aber ein Teilchen allein kommt nicht vor. Von ihrem ursprünglichen Entstehungsort werden die Tonteilchen weggeschwemmt und später in einer Erdschicht endgültig abgelagert. Die feinen Tonpartikel können einige Zeit im Wasser in der Schwebe bleiben und vom fließenden Wasser fortgetragen werden. Sande und schwerere Mineralien setzen sich zuerst ab. Feine und leichte Mineralien gelangen oft bis zu Flussmündungen. Auf ihrer Reise mit dem Wasser nehmen die Tonteilchen andere Stoffe mit und vermischen sich mit ihnen. Diese Stoffe sind Eisenoxyde, Kalk und organische Zerfallsprodukte. Durch diese „Zusatzstoffe" verändern sich die Eigenschaften des Materials. Es verändern sich die Plastizität, die Farbe und das Brennverhalten. Reiner, unvermischter Ton ist weiß, durch Oxyde wird er gelb, rot, braun, grün oder grau. Ton, der stark mit Sand vermischt und verunreinigt ist, nennt man Lehm. Lehmböden sind durch den großen Anteil an organischem Material sehr fruchtbar. Der Hauptanteil fast aller Erden ist neben Humus, Kalk und Sand der Ton. Er kommt auf der ganzen Erdoberfläche vor.

Ein großer Tonblock fordert zum experimentellen Formen heraus.

Werkstoff Erde, Sand und Ton

Ton finden

Ton, der in der Natur vorkommt, sieht anders aus als der in Plastikfolie verpackte Tonbatzen, den wir in 10-kg-Portionen im Handel kaufen können. Man findet ihn am leichtesten dort, wo die Erde unbewachsen ist, in Schluchten, Gruben, Steilhängen, Flusstälern. Die Oberfläche ist in trockenem Zustand meist rissig, denn er quillt auf, wenn er feucht wird, und bekommt Risse, wenn er trocknet. Wenn wir beim Regenspaziergang auf ein Gebiet stoßen, wo dicke Erdklumpen an unseren Schuhen kleben bleiben, können wir davon ausgehen, dass Ton in größeren Mengen im Erdreich vorhanden ist. Auch dort, wo das Wasser nicht so schnell versickert wie bei einem sandigen Boden, sind Tone im Erdmaterial.

Wenn wir Ton finden, ihn mit den Kindern selbst ausgraben, zum Trocknen auslegen, ihn aufbereiten und Schritt für Schritt weiterverarbeiten, werden Arbeitsprozesse und Zusammenhänge durchschaubar, wie es heute nur noch in wenigen Fällen möglich ist.

Der ausgegrabene Rohton wird zerkleinert und getrocknet. Danach entfernen wir die Verunreinigungen wie Blätter, Wurzeln, Steine etc. und streuen das übrig gebliebene Material in Wasser. Es soll mehrere Tage einweichen. Der Töpfer gibt diesen Tonschlamm nun auf Gipsplatten. Sie entziehen der Masse das Zuviel an Wasser. Der Prozess wird so lange wiederholt, bis der Ton einen relativ festen Zustand erreicht hat.

Gesammelte Erde von verschiedenen Fundorten.

Aktion: Knödel aus dem Bachbett

Auf der Suche nach Ton werden wir am leichtesten an einem Gewässer fündig. An Bach- und Flussläufen, an Seen und Tümpeln ist die Erde feucht und formbar. Das Wasser schwemmt die Erde aus und lagert ihre Bestandteile an den Rändern ab. Die Uferzonen sind unterschiedlich begehbar. Sie laden zum Verweilen und Beobachten ein. Bei Niedrigwasserständen blitzen aus den Bachläufen Steine, die zum Balancieren, Überspringen und Spielen auffordern. Mit Gummistiefeln ausgestattet oder im Sommer mit nackten Füßen ist dieses Spiel am Wasser besonders reizvoll. Mit Erde und Steinen wird gebaut. Stöcke werden in den weichen, feuchten Boden gesteckt, Barrikaden und Staustufen für das Wasser errichtet. Lehmiger Boden lässt sich besser kneten als sandiger. Die entstehenden Figuren und Formen lösen sich nicht gleich auf. Pappig, klumpig, lehmig, mit solchem Erdmaterial lässt sich gut spielen. „Knödel" werden geformt, „Erdbrei und Suppen" gekocht, Blätter werden zu Tellern, Blüten und Gras zu Salat und Gemüse oder schmückendes Beiwerk zu Matschkuchen und -törtchen. Ohne Anleitung wird geformt und gematscht.

Tonhaltige Erde am Bach.

- **Aktion:** Versuche mit Lehm
- Wie ist lehmhaltige Erde? Glitschig, sie wird glatt, wenn man sie streicht,
- patschig, fest, angenehm, eklig, pampig, kalt, rissig, sie federt und quatscht.
- Was noch? Die Kinder forschen und erfinden.
- Der Versuch, eine Hohlform zu machen, eine Tasse oder eine Schale zu modellieren, gelingt uns mit sandiger Erde nicht. Bevor wir solch ein Gebilde fertig haben, bricht es auseinander. Wir brauchen tonhaltige Erde dafür.

Kneten und Matschen mit Ton und Lehm macht allen Kindern Spaß.

Vom Arbeiten mit Ton

„Ich mag das, wenn ich das so drücken kann und wenn ich alles damit machen kann, was ich denke", sagte Lukas beim Arbeiten mit Ton. Er rollt ihn zu dicken Walzen oder dünnen Würstchen, knetet ihn abermals durch und klopft ihn zu einer Platte. Heute wird Tonpizza gemacht. Der „Teig" wird eingedrückt, gestempelt, kleine „Salamischeiben" werden regelmäßig drapiert. Mit einem alten Messer wird die fertige Pizza zerteilt und es werden Gäste eingeladen.
Im Spielen, Erleben und Experimentieren bekommt das Kind Informationen über die Plastizität des Materials. Das Ausloten der Plastizität, „alles damit machen können", wie Lukas sagt, ist für die Ergebnisse, die mit dem Material Ton erreicht werden wollen, das wesentlichste Wissen. Lernen durch Erfahren und nicht über Belehrung ist hier in vielen Arbeitsstufen möglich.

Trockener Ton ist nicht plastisch. Erst durch die Zugabe von Wasser wird Ton formbar. Wenn die richtige Formbarkeit erreicht ist, lässt er sich durch Drücken und Streichen verarbeiten, er klebt nicht, behält nach dem Trocknen seine Form und bricht nicht.

Nach dem Auslegen des Tonschlammes auf Gipsplatten hat der Ton die richtige Plastizität erreicht, wenn er von den Gipsplatten abgenommen und geknetet werden kann. Die gut knetbare Tonmasse wird gedrückt, auseinander gerissen und wieder neu zusammengeschlagen. Es entsteht eine homogene plastische Masse, die nicht mehr an den Händen klebt. Ein Schnitt durch das Material mit einer Tonschlinge zeigt uns die innere Struktur des Tonbatzens. Er sollte eine einheitliche Farbe und keine Luftblasen haben.

Fetter und magerer Ton

Es gibt so genannte „fette" Tone, die zum Drehen auf der Töpferscheibe genommen werden. Sie schwinden stärker als die „mageren" Tone und die geformten Objekte bekommen, wenn sie zu schnell getrocknet werden, leicht Risse. Fetter Ton eignet sich nicht sehr gut zum Aufbauen und Mit-der-Hand-Kneten und somit auch nicht für die Tonecke in den Einrichtungen. Die Töpfer der Jungsteinzeit mischten als Zusatzstoff auch Sägemehl oder getrocknetes Stroh unter die Tonmasse.

Lehm-Landschaft, geschmückt mit Naturmaterial.

Kleine Tonkunde

Roher Ton
Roher Ton ist nicht aufbereiteter Ton in seinem natürlichen Zustand.

Schlicker
Schlicker besteht aus Wasser und Tonmehl, er ist dünnflüssig und wird als Bindemittel in der Aufbaukeramik verwendet oder als Begussmasse zur Oberflächenveredelung. Schlicker kann mit Oxyden eingefärbt werden und heißt auch Engobe.

Drehton
Drehtone werden auf der Töpferscheibe weiterverarbeitet und sind plastischer als Modelliertone, sie sind fetter.

Modellierton
Modelliertone haben einen mehr oder weniger großen Anteil an beigemischtem Fremdmaterial. Dies kann Sand sein oder Schamotte. Schamott ist bereits gebrannter Ton. Er wird sehr fein gemahlen und dann dem fetten Ton beigemischt, um ihn magerer zu machen. Wir können uns das so ähnlich vorstellen wie das Zubereiten eines Hefeteiges. Wenn der Teig zu nass (fett) ist, müssen wir noch mehr Mehl oder gemahlene Nüsse oder Stärke zugeben. Erst wenn er die richtige Zusammensetzung hat, gelingt es uns, Pizzaböden, Hefezöpfe oder Schneckennudeln zu formen und zu backen.

Materialbeschaffung

Wir können Lehm/Ton in der Natur finden und im entsprechenden Zustand verarbeiten oder wir können Ton in Fachgeschäften in Plastikfolie verpackt relativ teuer kaufen. Ton ist im Vergleich zu anderen zum Kauf angebotenen Massen dennoch deutlich preiswerter. Die erhältlichen Tonsorten sind nicht unbedingt sehr fein, der Ton ist eher grobkörnig (mit höherem Schamottanteil). Den Ton in größeren Mengen preiswert beim Hersteller keramischer Produkte zu bekommen, ist nicht der einzige Anreiz, diese

Werkstätten zu besuchen. Der Besuch dort ist eine weitere Gelegenheit, Arbeitsabläufe kennenzulernen und eine Verbindung zwischen Material, Produkt und Herstellung zu erkennen. Vielleicht spendet eine Ziegelei oder ein Großhändler Tonmaterial für die Arbeit in der Einrichtung.

Der Aspekt des Materialtransports ist nicht zu unterschätzen. Wenn wir Ton bestellt haben und von einer Spedition zustellen lassen, gilt es zu bedenken, dass die Kosten dafür sehr hoch sind. Vielleicht gibt es preiswertere Möglichkeiten, etwa wenn wir oder eventuell auch Eltern bereit sind, den Ton selbst abzuholen. Zum Transport eignen sich auf jeden Fall große Wannen oder Baufolie, die wir im Kofferraum des Fahrzeuges auslegen, da der Ton feucht transportiert wird. Wenn er nicht in einem Behältnis mit Deckel oder in Plastiktüten verpackt ist, decken wir den Ton mit feuchten Tüchern ab, damit er nicht austrocknet. Die Tücher dürfen nicht dauerhaft in der Verpackung bleiben, sie zersetzen sich, entwickeln einen unangenehmen Geruch und es bildet sich Schimmel.

Baumaterial aus Ton

Ungebrannte Tonziegel, Mauerziegel und auch Dachziegel bekommen wir in Ziegeleien günstig oder gratis. Interessant sind auch schon geformte Ziegelsteine mit ihren Löchern und Kammern. Sie fordern die Kinder zum Weiterbauen auf: Löcher bohren, Dinge hineinstecken, Wasser auffüllen, Mauern bauen usw.

Das große gemeinsame Projekt nähert sich der Vollendung.

Werkstoff Erde, Sand und Ton

Aufbewahrung von Ton

Ein hartes Stück Arbeit kann das sein, bis der Ton endlich an Ort und Stelle ist und mit der Arbeit losgelegt werden kann. Gehen wir einmal von 6 bis 10 gleichzeitig arbeitenden Kindern aus und setzen pro Kind mindestens 10 bis 15 kg Tonmenge an. Das ist schon eine ganze Menge, die wir nicht gerade in der Schublade aufbewahren können. Es eignen sich stattdessen große Plastikeimer, die einen dicht schließenden Deckel haben. In den verschlossenen Eimern sollte niemals ein feuchtes Tuch als Abdeckung gegen das Austrocknen der Oberfläche benutzt werden. Unter Luftabschluss zersetzt sich das Tuch und es fängt nach geraumer Zeit zu schimmeln an. Das gilt nur für die luftdicht abgeschlossene Aufbewahrung. Um Ton über einen kürzeren Zeitraum feucht zu halten, sollten dagegen unbedingt feuchte Tücher und Plastikfolie zum Abdecken eingesetzt werden. Tonmaterial, das nach langem Aufbau, einem Projekt oder einer Gruppenarbeit eingetrocknet ist, kann wieder eingesumpft und weiterbearbeitet werden. Kleinere, transportable Werkarbeiten werden in feuchte Tücher und eine dichte Plastiktüte verpackt und an einem kühlen Ort aufbewahrt, bis weitergearbeitet werden kann. Wenn nicht gleich weitergearbeitet wird, sollte nach etwa einer Woche nachgeschaut werden, ob die Arbeit wirklich gut verpackt und noch plastisch weiterzuverarbeiten ist oder ob der Trocknungsprozess vielleicht doch schon zu sehr fortgeschritten ist. Dann wird die Arbeit entweder noch einmal neu begonnen oder mit feuchten Tüchern langsam angeweicht, bis die richtige Plastizität erreicht ist und weiter gebaut werden kann. Der Trocknungsprozess verändert den Ton nicht, sodass er in seine ursprüngliche Plastizität zurückversetzt werden kann. Auch in der Natur trocknet Ton, wenn es über einen längeren Zeitraum nicht regnet. Er wird bei Regen wieder feucht, schmierig, plastisch, formbar.

Aktion: Zurück in den Sandkasten

Ein Erdloch als Aufbewahrungsort und gleichzeitig ein möglicher Arbeitsplatz im Freien ist der Sandkasten oder eine Erdkuhle im Garten. Wenn wir von selbst gefundenem, stark bis leicht verunreinigtem Lehm (Ton) ausgehen, ist es am einfachsten, wir bringen diesen ungereinigten Dreck ins Freie, wo er der Witterung ausgesetzt ist. Mit den Kindern können wir beobachten, was geschieht, wenn es lange nicht regnet oder wenn über längere Zeit Wasser in der Tonkuhle steht. Die Erde wird rissig oder klebrig und schmierig. Das Arbeiten im Freien erspart eine langwierige Putzaktion.

Im Lauf der Zeit sind verschiedene Beobachtungen und Versuche mit dieser besonderen Erdart denkbar.

→ Das Material vermischt sich leicht mit Fremdmaterial: Steinen, Stöcken, Sand usw.

→ Wir können den Kindern so viel Wasser, wie sie zum Erproben im Umgang mit diesen Elementen (Ton, Erde und Wasser) brauchen, zur Verfügung stellen. Wir stellen durch Beobachten fest, wie Wasser und Ton zueinander in Beziehung stehen. Feuchtigkeit und Trockenheit verändern das Material auf ganz unterschiedliche Weise.

→ In warmen Jahreszeiten können im Matschloch vergnügliche Suhlaktionen stattfinden. Mit dem Gartenschlauch wird ein See im Tonloch gebaut und der Umstand, dass Ton das Wasser schlecht abfließen lässt, führt zu Stauseen und Flussläufen, die künstlich angelegt werden können. Anschließend wird der Schlamm von den Schlammlandschaft-Erbauern abgewaschen.

Gestaltendes Formen mit Lehm als Schule der Fantasie.

→ In großen Bottichen und Wannen wird Wasser aufgestellt, das von der Sonne angewärmt wird. Nach dem Matschen kann ein kleines Badefest veranstaltet werden.

→ In kühleren Jahreszeiten sollte spezielle Kleidung zur Verfügung stehen. Gummistiefel, Regenhosen und Jacken sind notwendig, um Kinder gegen Wind und Wetter zu schützen. Dann kann die Arbeit im Matschloch auch bei kaltem, unbehaglichem Wetter stattfinden.

→ Die Arbeit im Freien fordert die Kinder geradezu heraus, das herumliegende Naturmaterial mit in ihre Gestaltungen einzubeziehen. Alles, was wir in Ton drücken, abdrücken und hineinstecken können, ist gefragt: Zapfen, Steine, Stängel, Stöcke, Rinden.

Die Stöcke sollen ganz mit Lehm ummantelt werden.

Arbeitsplatz und Organisation

Bei der Organisation gilt es zu beachten, dass die Arbeit mit dem Material Ton auf der einen Seite nicht zum einmaligen „Putz-Schreckerlebnis" für Erzieherinnen wird und auf der anderen nicht zum „Material-Verbotserlebnis" für die Kinder!
Zunächst gilt es, den richtigen Ort zum Arbeiten mit Ton zu finden.

Arbeitsplatz

Wir brauchen saugfähige Unterlagen, auf denen gearbeitet wird, etwa Holzbretter, Spanplatten, Sperrholzplatten o. Ä. Eine saugfähige Unterlage hat den Vorteil, dass der Ton darauf nicht festklebt. Er lässt sich bei richtiger Plastizität stets leicht abnehmen und es gibt kein Geschmier, wie es auf einer glatten, beschichteten Oberfläche entsteht. Diese Unterlagen können auch auf dem Boden liegen, wenn wir mit den Kindern lieber auf dem Boden arbeiten.

Ein Tisch, an dem gearbeitet wird, sollte den Kindern in der Höhe angepasst sein. Eine unbeschichtete Oberfläche ist wichtig. Wenn die Tischplatte beschichtet oder lackiert ist, müssen wir auch hier mit saugfähigen Unterlagen arbeiten.

- **Aktion: Tontisch mit Mulde selbst gemacht**
  Eine alte Duschwanne, die bei einem Umbau „abfällt" oder in einem Sanitärfachgeschäft ausgemustert wird, lässt sich in einen Tisch einbauen. Wir sägen ein Loch in die Tischplatte, das der Größe der Wannenvertiefung entspricht. Der Wannenrand sitzt auf der Tischplatte. Der Abflussstopfen wird gut befestigt und schon kann der Ton eingefüllt werden. Wenn genügend Material in der Mulde ist, kann dort aus dem Material herausgebaut werden. Es wird gebuddelt, Löcher werden gebohrt und Türme gebaut. Es lässt sich arbeiten wie im Sandkasten. Wir können Wasser dazugeben, Seen und Flüsse entstehen und wenn der Tonmatsch nicht abgedeckt wird, verdunstet das Wasser und der Ton verändert seine Plastizität. Das Formen kann von neuem beginnen. Das Spiel zwischen Einmatschen und Trocknenlassen findet in der Mulde statt. Für das Arbeiten mit Ton im Haus ist das ein idealer Platz. Der Tisch soll für Kinder eine gute Arbeitshöhe haben, eventuell müssen die Tischbeine gekürzt oder Podeste gebaut werden.

Arbeitsplatz im Außenbereich

Der Muldentisch ist transportabel und kann jederzeit auch ein Plätzchen im Freien bekommen. Unter einem Vordach, einem Sonnenschirm oder im Gartenhäuschen lässt sich sehr gut arbeiten. Ansonsten ist der Sandkasten ein idealer Ort, um mit Ton zu arbeiten und zu experimentieren.

Tonwerkzeuge

Das wichtigste Werkzeug sind die Hände. Bevor die Kinder nicht nach Hilfsmitteln zur Bearbeitung fragen, sollte dieses Werkzeug ausreichen. Dazu gehört noch ein nasses Tuch, um den Ton feucht und die Hände immer wieder mehr oder weniger sauber zu machen. Die Schlinge zum Tonschneiden ist unverzichtbar zum Aufteilen der Tonbrocken und viel einfacher zu handhaben als ein Messer. Sie lässt sich leicht selbst herstellen. Dazu brauchen wir zwei kurze Rundholzstücke mit ca. 1 cm Durchmesser. In die Mitte dieser Hölzchen bohren wir mit einem dünnen Bohrer ein Loch. Ein Stück Blumendraht oder ein Nylonfaden (ca. 35 cm lang) wird in die Hölzchen eingefädelt, zweimal darum gewickelt, der Faden verknotet (beim Draht erübrigt sich das), fertig ist die Tonschlinge. Wir haben das perfekte Tonschneidewerkzeug. Eine Pflanzenspritzflasche ist eine sehr sinnvolle Ergänzung. Mit ihr können wir Wasser wie feinen Nebel versprühen. Plastiktüten und Folien brauchen wir, um den Ton abzudecken und ihn so feucht zu halten.

Ansonsten gibt sehr viele Werkzeuge, die wir in unserer alltäglichen Umgebung finden. In der Küche finden wir die interessantesten Gerätschaften: Messer, Gabeln, Löffel, Knoblauchpresse, Wallholz, Teigrädchen, Fleischklopfer usw. Sie alle können von den Kindern zum Bearbeiten des Tons eingesetzt werden.

Aktion: **Modellierhölzchen für Ton**

Aus Leisten und kleineren Massivholzstücken können die Kinder in der Holzwerkstatt ein Tonwerkzeug selbst anfertigen: ein Modellierholz. Es ist an den Enden unterschiedlich geformt, spitz und rund oder breit und eckig, das Mittelstück ist so gestaltet, dass es gut in der Hand liegt. Wichtig ist, dass die Kinder Holz mit der Säge oder der Raspel in die jeweils gewünschte Form bringen und anschließend gut schmirgeln. Auf diese Weise entstehen ganz unterschiedliche Modellierhölzchen und jedes Kind kann sein Hölzchen gut wiedererkennen.

Oberflächengestaltung

Die Bearbeitung des Tones verändert in jedem Fall seine Oberfläche. Diese Fläche liegt zur Bearbeitung vor uns auf dem Tisch oder Fußboden. Mit verschiedenen Werkzeugen, Hölzchen, Schlüsseln, Stiften, Draht, Steinen usw. machen wir Abdrücke. Die Werkzeuge gleichen einem Stempel, der in das weiche Tonmaterial gedrückt wird. Auch Finger hinterlassen ganz charakteristische Spuren. Mit verschiedenen Gegenständen lassen sich Linien in die Tonfläche ziehen, die kurvig, zackig, gewellt, gerade, senkrecht, waagerecht, gekreuzt oder diagonal auf der Oberfläche verlaufen.

Formen und Gestalten
Beim Arbeiten mit Ton werden die motorischen Fähigkeiten gefördert. Sie gehen vom einfachen Greifen aus und bei kontinuierlichem Arbeiten mit und an diesem Material führen sie zu anspruchsvollen technischen und gestalterischen Fähigkeiten.

Prägen, eindrücken, abdrücken – Versuche, eine Oberfläche zu gestalten.

Wenn ein Gegenstand in den Ton eingedrückt wird, steigt die verdrängte Tonmasse als kleiner Wulst am Rand des Gegenstandes hoch, wenn sie nicht auf die gegenüberliegende Seite verdrängt werden kann. Dieses Phänomen lässt sich bewusst in die Oberflächengestaltung mit einbeziehen, so kann man z. B. die Finger rhythmisch in kurzen und langen Wegen über den Ton schieben. Es entsteht ein Muster, das aussieht wie Ziegel, die ein Dach bedecken.

Weitere Gestaltungstechniken werden von den Kindern ausprobiert:
- Greifen mit den Fingern und den Zehen.
- Reißen und Zerpflücken mit Fingern und Händen.
- Schlagen mit Händen, der Faust, den Armen, Stock etc.
- Werfen, Klopfen, Stampfen: Verdichten.
- Stampfen mit den Füßen: Flächen schaffen.
- Drücken und Dehnen mit den Händen, den Füßen, ganzem Körpereinsatz.
- Quetschen mit den Fingern, mit den Zehen.
- Rollen mit den Händen, den Armen.
- Bohren mit den Fingern, mit Stöcken usw.
- Kratzen mit den Fingern, mit Hölzchen, mit Draht usw.
- Glätten und Streichen mit den Fingern, mit den Füßen.

Bearbeitungsmöglichkeiten entdecken

Ton ist die verformbare Masse, die es Gestalt gebend zu entdecken gilt. Die aufgeführten Bearbeitungsweisen werden im experimentellen Arbeiten entdeckt. Wir können durch Aufgabenstellungen diese Fähigkeiten fördern und Probleme lösen helfen, den Kindern verschiedenste Möglichkeiten aufzeigen. Kinder werden durch die Aufgaben nicht fixiert. Beim Arbeiten in der Gruppe ergeben sich anregende Spielmomente, die wir aufnehmen und weitergeben. Die Möglichkeit, auf dem Boden zu arbeiten, bietet die Erfahrung, dass nicht nur der Vorgang des Greifens bei der Bearbeitung des Tons wichtig ist. Mit ihrem Körper, ihren Händen und Füßen rücken die Kinder dem Material gleichermaßen „auf die Pelle" und bewältigen es. Bei einem Materialeinsatz von mindesten 5 bis 10 kg Ton pro Kind ist dieser „totale Körpereinsatz" notwendig, aber auch beabsichtigt. Mit geringeren Mengen Ton können Kinder nicht die gleichen Erfahrungen beim Erforschen der Raum-Körper-Verhältnisse machen wie mit großen Mengen. Raum wird mit Ton umbaut, bebaut, verändert, gestaltet. Die Erfahrung vom Groben zum Feinen kann sich mit geringen Materialmengen nicht bilden. Bei Kindern, die noch nie mit einer großen Menge Ton gearbeitet haben, kann man beobachten, wie sie vor dem Tonberg sitzen und zunächst nur kleinste Figürchen „kneten". Der Rest bleibt unbearbeitet.

Ton, zur Fläche verdichtet und mit eingeritzten Ornamenten gemustert.

Ansetzen

Die Oberfläche kann auch durch Aufsetzen von Plättchen, Walzen, Kugeln, Röllchen und Streifen gestaltet werden. Zuerst wird dies im Andrückverfahren ausprobiert. Nach dem Trocknen sehen wir, dass eine feste, dauerhafte Verbindung von aufgesetzten Teilen und Tonuntergrund durch Andrücken nicht zustande kommt. Das lässt sich ändern, wenn wir die folgende technischen Arbeitsschritte einhalten. Wir rauen die zusammenzusetzenden Teile an, tragen Schlicker auf und drücken die Tonteile vorsichtig aneinander. So entsteht eine feste Verbindung.

Werkstoff Erde, Sand und Ton

Aktion: Tonberg

In Gruppenarbeit soll eine große Menge Ton zu einem einzigen Berg zusammengeklopft (verdichtet) werden. Der Berg ist auf seiner Oberfläche ganz glatt und rutschig (streichen, glätten). Tief im Inneren des Berges gibt es Höhlen, große und kleine, mit einem oder zwei Zugängen und Durchgängen (bohren und zerpflücken). Das ausgegrabene Material ist so wertvoll wie Gold und Silber, es darf auf keinen Fall verloren gehen. Das Beste ist, es gleich wieder auf dem Berg zu verbauen, das ausgegrabene Material wird zu Steinen, Bäumen, Häusern (verbinden durch Glätten und Streichen).

Bei dieser Arbeit planen wir als weitere Möglichkeit, im Inneren des Berges eine große Höhle zu machen. Wie bei den Bergleuten, wird „Kohle" geschürft. Um an den Rohstoff besser heranzukommen, schneiden wir mit der Tonschlinge den Berg in zwei Hälften. Der Innenraum wird sichtbar und das Ausgrabungsmaterial weiterverarbeitet. Sehr unterschiedliche Handlungen – graben, zerpflücken, ansetzten und verstreichen – finden im Wechsel statt. Wenn die Höhle groß genug ist, fügen wir anschließend wieder beide Berghälften zusammen. Die Fugen werden verstrichen und der Berg sieht wieder massiv und geschlossen aus. Bei dieser Arbeit bekommen wir eine genaue Vorstellung vom Innenraum. Wir können nun planen, wie und wo ein Zugang zur Höhle sein kann, und die Durchbrüche vornehmen. Im Inneren begegnen sich Hände, die durch verschiedene Tunnelröhren kommen.

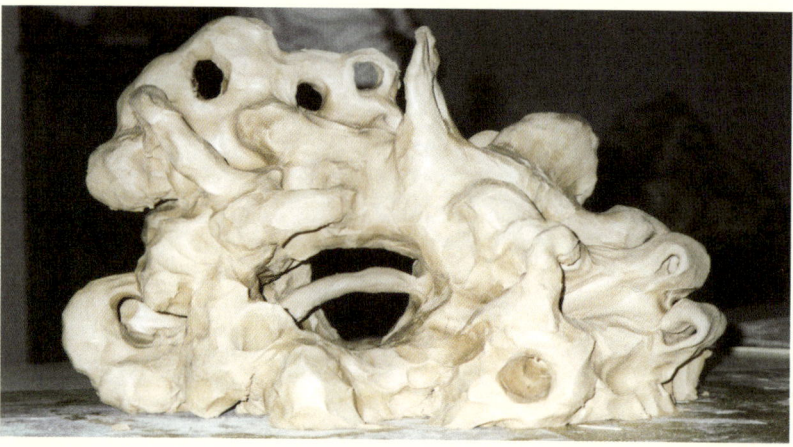

Tonberg, der in Gemeinschaftsarbeit gestaltet wurde.

- Wenn wir nur einen Zugang von oben machen, können wir den Hohlraum auch mit Gips ausgießen. Die gehärtete Gipsform lässt sich leicht aus dem Tonberg herauslösen, wenn wir ihn wieder in zwei Teile zerschneiden und die Tonbatzen ablösen. Die entstandene Gipsform ist ein sichtbarer Beweis für den verborgenen Hohlraum. Die Oberfläche des Gipspositivabdrucks kann, nachdem sie getrocknet ist, geschabt, gebohrt, geritzt und auf andere Weise bearbeitet werden und wir können auf dem Gips die „Diamanten" und Schätze der Höhle zeigen. Gips lässt sich auch bemalen. (Siehe „Werkstoff Gips".)

Anregungen übertragen

Aus dem in Gips gegossenen, vollplastischen Raumerlebnis und aus der Erfahrung mit dem Ton nehmen Gestaltungen Form an, die das Kind wiederum anregen, auf diesem Gebiet weiterzuarbeiten. Ausgangspunkte für das Kind können Geschichten sein oder Erfahrungen, die es beim Spiel im Sand auf das Spiel mit Ton übertragen will (Schatzhöhle, Räuberhöhle, Versteck usw.). Die Erlebnisse aus dem Gestalten mit Ton, die Erfahrung mit dem Hohlraum, dem Innenraum, dem Sichtbaren und dem Unsichtbaren erfahren ihre gestalterische Umsetzung auch im malerischen Prozess. Auf der Fläche fehlt die dritte Dimension des Raumerlebens und es erfordert ein hohes Maß an Abstraktionsvermögen, Höhlenerfahrungen des Bauens ins Bildnerische zu übertragen.

Aus dem Raumerlebnis entstehen beim Malen mit dem Stockpinsel (siehe „Pinselwerkstatt") Bilder aus dem „Inneren". Das betrifft zum einen die innere Sicht eines Berges wie auch die eigene „Innensicht", durch die wir mehr sehen (wahrnehmen), als wir offensichtlich sehen.

Weitere Gestaltungsaufgaben, die auch mit anderen Materialien ausgeführt werden, sind:

→ Kaschieren einer Papierhöhle auf Tapete und anschließend bemalen.
→ Körper: unser Körper, Bewegungsstudien in Tanz und Rhythmik werden in Tonfiguren umgesetzt.
→ Tiere: Das Streicheln einer Katze, eines Hasen, das „Begreifen" eines Tieres in seiner plastischen Form macht das Formen dieses Tieres durch die Wahrnehmungsebene Greifen und Betasten leichter.

Aktion: Pippi Langstrumpf und ihr hohler Baum

Zuerst klopfen wir den Ton mit Händen oder Füßen zu einer großen Platte, deren Wandstärke unterschiedlich dick ist wie die Rinde eines Baumes. Wenn wir eine gleichmäßig starke Platte erhalten wollen, legen wir als Hilfsmittel ein Brett auf die Tonfläche und gehen auf dem Brett umher, bis der Untergrund ausgeglichen ist. Es wird so lange weitergerückt, bis die ganze Fläche eingeebnet ist. An einer Seite wird die Tonplatte gerade geschnitten, das ist die Standseite. Nun lösen wir sie vom Untergrund. Wir versuchen, eine Röhre zu formen, die dem hohlen Baum entspricht. Dabei werden die überlappenden Teile an der Nahtstelle verstrichen und die Röhre kann frei stehen. Beim Verstreichen müssen wir darauf achten, dass eine Hand die Wand stützt, damit sie nicht eingedrückt wird, während die andere Hand auf der Gegenseite die entstandene Fuge verstreicht. Mit spielerischen Übungen lernen die Kinder so, einen Raum zu umbauen.

Pippi Langstrumpfs Versteck: Hohlform aus einer aufgestellten Tonplatte.

Aufbautechniken

Hohlräume, Innenräume können gegraben werden, sie können aber auch umbaut werden. Dieser Arbeitsgang findet im Grunde immer dann statt, wenn wir ein Gefäß aufbauen. Mit den Kindern lassen sich auch hier wesentliche technische Erfahrungen besser in einem Spiel oder einer Geschichte verwirklichen als im Bau eines Gefäßes. Der hohle Baum, in dem sich Pippi Langstrumpf versteckt, ist so ein geheimnisvoller Ort, der unbedingt gebaut werden muss.

Die Beherrschung des Umbauens eines Hohlraumes in Form von Plattentechnik oder aber auch in der allgemein bekannten Aufbautechnik in Form von Tonteilen (Wülsten, Batzen etc.) die aufeinander geschichtet und miteinander verstrichen werden, ist Grundlage für alle Gebrauchskeramik. Wenn die Hohlformen nicht auf der Drehscheibe hergestellt werden oder im Gussverfahren, werden sie in dieser Technik aufgebaut.

Aktion: Pizza

Eine flach geklopfte Tonfläche kann Bearbeitungsspuren durch Hände und Füße aufweisen. Wir können sie auch durch Prägen gestalten, indem wir Abdrücke mit Werkzeugen hinterlassen, oder aber durch Aufsetzen von Tonteilchen. Diese Teile können Walzen und Schlangen sein, Platten und Plättchen, die aus dem Tonklumpen herausgedrückt und zwischen den Händen, auf dem Tisch oder mit einem Holzstück geklopft werden. Diese verschiedenen Teile werden auf die angeraute Tonfläche aufgesetzt und mit Schlicker verbunden. So können Torten, Plätzchen und eine Pizza aus Ton gemacht werden. Nach dem „Festmahl" wird alles in den Toneimer zurückgeworfen.

Ein Tonbaukasten

Walzen und Wülste zu rollen, ist gar nicht so einfach. Wenn wir mit einer großen Menge Ton unterschiedliche Rollen für einen „Tonbaukasten" machen, ist das eine Aufgabe, die eine Gruppe besser erledigen kann als ein Einzelner. Die Walzen und Rollen werden nicht immer rund, sie haben Kanten und lassen sich oft gar nicht gut hin- und herrollen, deshalb müssen wir beim Rollen die Finger spreizen und darauf achten, sie nicht mit der Handfläche zu rollen. Oft werden sie in der Mitte dünner als außen oder umgekehrt. Oder sie werden beim Drücken in einer Hand so sehr gequetscht, dass sie abreißen. Wenn die Wülste groß und armdick sind, müssen wir nicht nur mit den Fingern und Händen rollen, wir brauchen unsere Arme und viel Kraft aus der Körperbewegung heraus. Wenn der Ton zu trocken ist, werden die Rollen an der Oberfläche rissig und spröde und reißen leicht entzwei. Mit der Sprühflasche lässt sich das beheben. Es ist jedenfalls gar nicht so einfach, einen Baukasten aus Wülsten, Rollen und Schlangen zu machen. Deshalb sollten sich die Kräfte in der Gruppe verbinden.

Die Rollen und Schlangen aus dem Tonbaukasten wurden zu einem Spielplatz arrangiert.

Aktion: Wer baut den höchsten Turm?
Ein sehr reizvolles Spiel ist es, mit zwei oder mehr Kleingruppen einen Turm mit den Bauelementen des Tonbaukastens zu bauen. Man benötigt dafür ca. 40 kg Ton pro Gruppe. Dabei müssen wir darauf achten, dass die Menge an Ton für jede Gruppe etwa gleich groß ist. Die Tonteile können wie folgt verbunden werden: zusammengeklopft, verstrichen, gestapelt oder gerollt. Ziel des Spiels ist es, den höchsten Turm zu bauen. Es muss alles Material verbaut werden. Die Spieler dürfen auf Stühle und Leitern stehen, wenn sie den Turm über ihre Körpergröße hinausbauen wollen.

Beim Bauen lässt sich sehr gut beobachten, welche Rollen von den Kindern eingenommen werden.

→ Wer wird zum Erbauer, wer zum Handlanger, wer zum Konstrukteur?

→ Wer bringt die Energie auf, sich beim eventuellen Einsturz des Bauwerkes der Aufgabe noch einmal neu zu stellen?

→ Wer kann sich mit der Lösung der Gruppe einverstanden erklären und wer möchte eine eigene Lösung umsetzen?

Dieses Spiel ist nicht nur für die Kindergruppe ein Erlebnis. Auch im Team können Sie mit dieser Aufgabe interessante und lustvolle Erfahrungen machen.

Wer schafft es, mit Rollen und Walzen aus Ton den höchsten Turm zu bauen?

Werkstoff Erde, Sand und Ton

Ton brennen?

Historische Erkenntnisse, wie die Menschen in früheren Zeiten gelebt haben, welche Bedingungen sie zum Leben hatten, wie sie sich gekleidet, wie sie gewohnt, sich geschmückt, ihren Alltag bewältigt haben, gewinnen wir Menschen heutzutage auf dem Weg der Ausgrabungen. Auch heute noch werden Hinterlassenschaften gefunden, die uns die Geschichte unserer Vorfahren erzählen. Wichtige Erkenntnisse bekommen die Archäologen von Fundstücken, die unter anderem auch aus Ton sind. Oft sind es nur noch Scherben, die gefunden und in mühevoller Arbeit neu zusammengesetzt werden. Die Zeit konnte diesen alten Tonstücken nichts anhaben. Kein Wind, kein Wasser, kein Frost, keine Hitze konnte sie so zerstören, dass sie sich aufgelöst hätten. Diese Erkenntnis zeigt, dass gebrannter Ton „für die Ewigkeit" erhalten bleibt. Mit diesem Wissen sollten wir eine andere Haltung zum „Brennen" von Tongegenständen einnehmen.
Daraus resultiert auch die Begründung, dass nicht alles, was wir mit den Kindern aus Ton gestalten, auch gebrannt werden muss.

Erfahrungen sind wichtiger als Produkte

Wenn wir den Ton wie in den bisher beschriebenen Aktionen in unserer Arbeit einsetzen, muss das Ergebnis nicht das Wesentlichste sein. Gerade beim Arbeiten mit Ton ist der prozessorientierte Arbeitscharakter stärker als der produktorientierte. Der Gestaltungsweg vermittelt dem Kind Kenntnisse, die sich nicht nur auf ästhetische Erfahrungen beziehen. Es sind die technischen Anforderungen des Materials, welche die Gesetzmäßigkeiten der Verarbeitung vorgeben und im gestalterischen Handeln erfahren werden. Nach und nach integriert das Kind diesen Erfahrungsschatz in seine weiteren Arbeitsgänge.
Grundkenntnisse des Tonverbindens werden erfahren. Das Aufrauen, Ansetzen, Verstreichen und Schlickern bietet zuverlässige Verbindungsmethoden. Risse entstehen u. a., wenn der Trocknungsprozess zu schnell fortschreitet. Die Kinder machen auch Erfahrungen auf dem Gebiet der Naturwissenschaft, Physik, Mathematik. Zum Beispiel erfahren sie, dass Masse und Gewicht

in Beziehung zueinander stehen (Turmbau). Sie erfahren, wie Wasser und Ton sich durch unterschiedliche Mengenverhältnisse ganz verschieden verhalten (matschig, weich, formbar, fest, hart) und sich besser oder schlechter oder überhaupt nicht mehr zur Verarbeitung eignen.

Synergien nutzen

Bei allen Erfahrungen, Erkenntnissen, Aktionen, Spielanlässen usw. gibt es manchmal doch den Wunsch, das eine oder andere Objekt zu erhalten und dann sollte das Brennen möglich sein. Doch ein Ofen ist teuer und viele Einrichtungen können ihn sich nicht leisten. In den Schulen der Städte und Gemeinden gibt es meist einen oder mehrere Brennöfen. Nehmen Sie Kontakt zum zuständigen Lehrer auf und erkundigen Sie sich, wann und ob der Ofen von Ihrer Einrichtung mitgenutzt werden kann. Ziehen Sie diese Überlegung in Betracht und Sie sparen Kosten. Gleichzeitig finden Sie einen Fachmann vor, der Sie sicher gern in die Geheimnisse des Brennens einführt.

Besonders gelungene Werke können durch das Brennen erhalten werden.

Ton langsam trocknen lassen
Die Objekte, die gebrannt werden sollen, müssen gut getrocknet sein. Dabei ist zu beachten, dass Ton nicht allzu schnell trocknen darf, da er sonst reißt. Ein langsames Trocknen über einen Zeitraum von mindestens 2 Wochen ist ratsam.

Der Fassbrand

Ein Brennexperiment von ganz besonderer Art ist der Schwarzkeramikbrand. Kleinere Tonobjekte lassen sich so auch ohne Tonofen brennen. Dazu brauchen wir einen Blecheimer. Wenn wir uns die Eimerhöhe in Viertel eingeteilt vorstellen, bleibt das unterste Viertel unbearbeitet, im zweiten Viertel werden rundum sehr viele, 4 bis 6 mm große Löcher gestanzt (Hammer und Vorstecher oder Nagel). Diese Löcher sind zur Belüftung des Schmauchfeuers notwendig. In diesen Eimer wird Sägemehl eingefüllt. Die Füllmenge setzt sich wie folgt zusammen: 1/3 feines, 1/3 mittelfeines, 1/3 grobes Sägemehl.

Mit feinem Sägemehl füllen wir gut handbreit die erste Schicht. Das Füllmaterial muss absolut trocken sein. Die gut getrockneten Tonobjekte werden auf der untersten Schicht eingesetzt. Wenn sie offen sind, etwa kleine Gefäße, füllen wir sie mit Sägemehl und setzen sie mit der Öffnung nach unten ein. Die einzelnen Objekte dürfen nicht zu nah zusammen sein, damit genügend Füllmaterial dazwischen passt. Zwischen die Lagen mittelfeines Sägemehl füllen, damit die Tonobjekte keinen Kontakt zueinander haben. Wir setzen in Höhe des zweiten und dritten Eimerviertels Brenngut ein. Das letzte Viertel, die oberste Schicht, locker mit grobem Sägemehl bedecken. Zeitungspapierfackeln einstechen, anstecken und einen Flächenbrand erzeugen. Der Brand dauert ungefähr 24 Stunden oder so lange, bis alle Objekte am Eimerboden in der Asche liegen.

Achtung: Es ist selbstverständlich, dass dieser Vorgang nur im Freien und nicht von den Kindern allein durchgeführt werden darf. Ein geeigneter Platz ist der Sandkasten, ein Erdloch oder eine Betonplatte. Es dürfen keine brennbaren Untergründe oder Gegenstände in der unmittelbaren Nähe des Eimers sein!

Fröhliche Tonfiguren.

Die gemeinsame Fahrt im Auto als freie Tonskulptur.

Werkstoff Gips

Gipsstein, Gipspulver, Gips

Gips ist ein vielseitiges und preiswertes Modelliermaterial. Ohne größeren Aufwand lässt es sich in vielen Verfahren verarbeiten. Das Grundmaterial und seine Verarbeitungsweisen bleiben dabei stets gleich.
Gips ist ein plastisches Material, das aus Gipspulver und Wasser zu einer breiigen Masse angerührt wird. Der Rohstoff für die handelsüblichen Arten des Werkstoffes Gips ist der Gipsstein, ein Naturmaterial. In Deutschland wird er hauptsächlich im Harz, in Mainfranken und auf der Schwäbischen Alb abgebaut. Dieser Gipsstein wird als Gips, so wie wir ihn kennen, erst brauchbar, wenn er durch Brennen und anschließendes Feinmahlen zu Pulver seine Eigenschaften erhält. Das Brennen treibt dem Gips das in ihm gebundene Wasser teilweise oder ganz aus. Durch den chemischen Vorgang des Brennens gewinnt das Material seine Eigenschaften. Es kann wieder Wasser aufnehmen und erstarrt danach zu einer festen Form. Gips wird pulverisiert und in Tüten bzw. Säcken abgefüllt angeboten. Die Packungseinheiten sind unterschiedlich.

Gips – ein spannender Werkstoff

Zwei Materialien begegnen sich. Gipspulver kommt in Wasser, es staubt, der Gips taucht unter, wir rühren und nach kurzer Zeit ist aus der „dicken Suppe" eine starre Masse geworden. Wir können zuschauen und die ausgegossene Form in den Händen halten, können dabei feststellen, dass es warm wird und das neue Material fest und hart geworden ist. Wenn wir es mit dem Fingernagel anritzen, hinterlassen wir auf seiner Oberfläche Kratzspuren. Es wurde während des Umwandlungsprozesses ganz warm, sodass es scheint, die harte Arbeit vom Flüssigen zum Festen zu werden war so anstrengend, dass der Gips dabei ins „Schwitzen" geraten ist. Chemisch lässt sich dieser Prozess erklären, für Kinder ist es ein Phänomen, das zum Staunen veranlasst.

Es gibt noch mehr zu bestaunen. Aus dem nassen, dunkelfarbigen Gipsrohling wird nach dem Trocknen ein leichter, heller Stein. Dieser Stein lässt sich gut bearbeiten und hat danach eine samtige, glatte Oberfläche. Es ist auch erstaunlich, dass ein Gipsstein jederzeit vergrößert werden kann. Wir brauchen nur neuen Gips darüber oder dazuzugießen.

Wasser und Gipspulver werden zu einer breiigen Masse verrührt.

Die Eigenschaften von Gips

Die ausgegossenen Formen werden von der flüssigen Gipsmasse vollständig ausgefüllt, es sind die Vollformen des Leerraumes. Eine ausgegossene Plastiktüte wird als Körper plastisch wahrgenommen. Der Luftraum wurde zum

Gipskörper. Alle Negativformen erhalten ein exaktes Abbild, eine Positivform. Dies kann auch der Abdruck eines in nassen Sand gesetzten Fußes sein. Er entspricht in Form und Größe dem Fuß dessen, der den Abdruck hinterlassen hat. Wir können direkt vergleichen und messen.

Kinder lernen: Wenn sie Gips im angegebenen Mengenverhältnis immer gleich anmachen, wird das fertige Produkt fest. Das Produkt nimmt unterschiedliche äußere Formen an, je nachdem, in welche Behältnisse es gegossen wird oder wie es an eine Unterkonstruktion aufgetragen wird. Mit dem Wissen um die richtige Verarbeitung nach Rezept erhält das Kind die Gewissheit, erfolgreich gearbeitet zu haben.

Vorsichtsmaßnahmen
Die besondere Eigenschaft von Gipspulver, sich mit Wasser zu verbinden, muss beachtet werden. Vorsichtsmaßnahmen müssen mit den Kindern besprochen werden. Gips darf nicht gegessen werden! Er darf nicht in Nase, Augen oder Mund gelangen – nicht in das Pulver pusten. Aus Gipspulver wird Gipsstein, auch im Mund, Auge oder in der Nase. Wir arbeiten mit Mundschutz und Arbeitsbrille (siehe Holzwerkstatt).

Arbeitsplatz und Werkzeuge

Wenn wir mit dem Werkstoff Gips arbeiten, haben wir eine Besonderheit zu berücksichtigen, die schon beim Einrichten des Arbeitsplatzes gut bedacht werden muss: Wir hinterlassen überall weiße Spuren. Damit das Haus nicht wie eine Baustelle aussieht, müssen wir beim Einrichten des Arbeitsplatzes ein paar Vorsichtsmaßnahmen treffen. Dazu gehört ein Kleidungsschutz und eine Bürste für die Schuhe. Ein feuchtes Wischtuch im Eingangsbereich zum Reinigen der Schuhsohlen ist sehr wichtig, um den größten Schmutz zu bändigen. Eine andere Lösung ist ein Paar alte Schuhe, die wir nur in der Gipswerkstatt anziehen und beim Verlassen des Raumes in ein spezielles Arbeitsschuhregal einstellen. Vor allem brauchen wir jedoch viel Platz, um den Arbeitsablauf in Teilschritten zu organisieren.

Der Arbeitsplatz – ein gut überschaubarer Platz

Wer schon einmal mit Gips gearbeitet hat, weiß, dass es eingeschränkte Handlungsspielräume gibt, wenn wir mit diesem Material regelmäßig arbeiten und experimentieren wollen. Die Einschränkungen bestehen nicht im Gestaltungsbereich, sie bestehen darin, den Arbeitsplatz richtig zu organisieren und den Gips richtig anzumachen. Wir beginnen wieder mit den Überlegungen, welcher Raum sich für eine solche Arbeit eignet.
Der Fußboden um den Arbeitsplatz muss gut mit Wasser zu reinigen sein. Teppichboden ist ungeeignet. Wer keine Möglichkeit hat, im Innenbereich mit Gips zu arbeiten, sollte seinen Werkplatz ins Freie verlegen. Unter einem Vordach oder dem Sonnenschirm lässt es sich gut arbeiten. Auch wenn der Boden im Innenraum gut zu reinigen ist, sollte er mit Plastikfolie abgedeckt werden. Auf der Folie kann der angetrocknete Gips leicht abgelöst und zusammengekehrt werden. Im Außen- wie im Innenbereich sollte eine Wasserstelle in der Nähe des Arbeitsplatzes sein. Die Wasserstelle ist hier aber nicht fließendes Wasser, sondern Eimer und Kübel, Wannen und Gläser, die mit Wasser gefüllt sind.

Reinigung von Gipsresten

Gips, Gipsreste, mit Gips verunreinigtes Werkzeug, Hände, die voller Gips sind, dürfen nie unter fließendem Wasser gereinigt werden. Gips darf nie direkt weggespült werden. Leitungen und Rohrsysteme würden innerhalb kurzer Zeit verstopft sein! Alle Werkzeuge und Behältnisse werden zuerst mit einem alten Tuch oder mit Zeitungspapier abgerieben und danach in mit Wasser gefüllten Eimern sauber gemacht. Der abgewaschene Gips setzt sich ab und das Wasser kann im Freien ausgegossen werden. Das Wasser versickert und die festen Gipsteile werden eingesammelt und in den Restmüll gebracht. Wer keine Möglichkeit hat, das Wasser im Freien auszugießen, wartet, bis sich der Gips im Eimer abgesetzt hat, und gießt dann das etwas angetrübte Wasser vorsichtig durch ein Tuch in einen weiteren Eimer ab. Der Bodensatz kann herausgekratzt und in den Restmüll gebracht werden.

Zum Reinigen der Werkzeuge benötigen wir
→ eine Feilenbürste (Raspeln und Feilen nur trocken reinigen!),
→ Lappen und Bürsten,
→ Zeitungspapier zum Abwischen von nassem Gips.

Zum Reinigen des Arbeitsplatzes benötigen wir
→ Besen und Kehrschaufel,
→ Eimer mit Wasser,
→ Schwämme und Lappen,
→ große Mülleimer.

Aufteilung der Arbeitsplätze

Damit der schöpferische Teil der Arbeit ungestört und zügig verlaufen kann, brauchen wir mehrere Arbeitsplätze. Jeder Platz ist für einen Teilschritt eingerichtet. Die Arbeitsflächen müssen unempfindlich sein. Beschichtete Arbeitsplatten, die gut abzuwischen sind, oder Arbeitsflächen, die mit Folie abgedeckt werden, sind erforderlich. In jedem Arbeitsbereich stehen Eimer mit Frischwasser, um die Hände zu waschen, und es liegen viele Tücher bereit, um Tische zu wischen oder Hände abzutrocknen.

Mischplatz

An einem Platz wird das Material angerührt. Hier steht der Gipsvorrat. Wir brauchen genügend Material, die Menge ist großzügig zu bemessen. Der Gips wird nur mit trockenen Gefäßen – z. B. Jogurtbecher, die wir als Messbecher verwenden – oder Spachteln, kleine Schaufeln, Löffeln etc. aus dem Gipssack geholt. Es stehen Behältnisse zum Anrühren bereit, Plastikschüsseln und Eimer, alte Töpfe, Gipsmulde und Stöcke zum Anrühren. Die Behältnisse dürfen maximal bis zur Hälfte mit Wasser gefüllt sein. Das Gipspulver wird in das Wasser gestreut. Dabei gilt es, das Mischungsverhältnis zu beachten (siehe „Die Mischung macht's").
Wenn wir zusätzliches Material einstreuen, wie zum Beispiel Farbpigmente, Murmeln, Sägemehl, steht dieses Zusatzmaterial gut sortiert in Behältnissen an diesem Arbeitsplatz.

Gießplatz

An einem anderen Platz stehen die Formen und Behältnisse bereit, die wir mit dem angerührten Gipsbrei ausgießen wollen. Das sind viele verschiedene Formen, z. B. Verpackungsmaterial von Konfekt und Schokolade, leere und gut ausgespülte Milchtüten, Plastiktüten, Styroporschalen, Pappformen, grundsätzlich alles, was stabil und dicht genug ist (siehe „Die Gussform"). Auch Trennmittel wie Öl, Schmierseife oder Vaseline und ein Pinsel sind an diesem Platz zu finden. Ebenso Scheren und Messer, um die Gießformen aufzuschneiden oder die Rohlinge herauszulösen.

Platz für Ergänzungsmaterial

Wenn wir mit Gussformen aus Tonmasse arbeiten, müssen wir einen besonderen Platz dafür einrichten. Der Ton wird feucht gehalten. Dazu brauchen wir feuchte Tücher, mit denen wir ihn bedecken. Alle besonderen Materialien, die wir in den Ton eindrücken oder abdrucken wollen, liegen an diesem Arbeitsplatz bereit (siehe „Abdrücke und Reliefs").

Reinigungsplatz

Nach dem Ausgießen der Formen und dem Verbrauchen des Gipsbreis müssen die Arbeitsbehälter sofort gereinigt werden. Am Reinigungsplatz brauchen wir dazu viel Zeitungspapier und alte Tücher. Ein großer Müllsack, worin das Restmaterial gefüllt wird, steht bereit.

Trockenplatz

Der Platz für die fertigen Formen sollte warm und trocken sein, damit die fertigen Teile bald zu bearbeiten sind und nicht etwa zu schimmeln anfangen oder gar vergessen werden, weil sie zu lange liegen müssen. Gitter- oder Holzroste (Kuchengitter und Einsätze aus dem Backofen) eignen sich als Gestelle zum Trocknen der Gussformen.

Bearbeitungsplatz

Wir brauchen spezielle Werkzeuge, um unsere gegossenen Gipsformen durch Ritzen und Schaben, Behauen, Feilen, Raspeln und Sägen weiter zu bearbeiten, und Zusatzmaterial wie z. B. Farben, Lacke, Beizen zum Bemalen oder Polieren. Alles muss übersichtlich am Werkplatz angeordnet und vorhanden sein. Nur das jeweils benötigte Werkzeug oder Zusatzmaterial findet seinen Einsatz beim Arbeiten. Die zu bearbeitende Form kann auf ein leicht feuchtes Tuch gelegt werden, um den Gipsstaub zu binden. Eine Plastiktüte, die mit Sand gefüllt ist, dient als Puffer. So liegt das Werkstück gut gelagert auf der Arbeitsfläche vor uns. Es darf nicht zu viel Sand in die Tüte gefüllt werden; eine zu volle Tüte ist zu hart und nimmt das Objekt nicht gut auf.

Werkzeuge

Zum Anrühren:
- → Stöcke in unterschiedlicher Länge.
- → Gipsmulde und Rührgerät. Gipsmulden oder -becher sind aus weichem Kunststoff. Der nicht verwendete Gips trocknet darin und wird hart. Durch Zusammendrücken der weichen Wände lösen sich die Reste. Die harten Gipsreste in den Restmüll entsorgen.

Gipsmulde.

- → Plastikeimer, Plastikschale.
- → Spachteln zum Auskratzen der Behältnisse.
- → Messbecher (z. B. Jogurtbecher) zum Abmessen der Mengenverhältnisse.

Zum Bearbeiten:
Zum Bearbeiten der harten, trockenen Gipsobjekte können wir Werkzeuge zum Schaben, Ritzen, Aushöhlen, Bohren, Glätten, Verformen verwenden. Viele dieser Werkzeuge finden wir im Haushalt. Es kann aber auch altes, ausgedientes Werkzeug aus der Holzwerkstatt verwendet werden. Es gilt: Werkzeuge für Gipsarbeiten können nicht wieder für die Holzbearbeitung verwendet werden.

Zum Schaben und Ritzen:
- → Messer und Gabeln aller Art,
- → Nägel und Schrauben,
- → dicke, kurze Drahtreste und Stricknadeln mit einem Kork als Schutz vor Verletzungen,
- → Milchdosenöffner.

Zum Aushöhlen:
- → Alte Löffel,
- → Formraspeln.

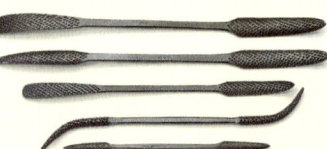

Formraspeln zur Gipsbearbeitung.

Zum Bohren:
- → Bohreinsätze und Bohrer zum Durchbohren der Gipsteile und um Vertiefungen zu bohren.

Zum Glätten:
- → Feilen und Schmirgelpapier.

Zum Verformen:
- → Sägen,
- → Raspeln,
- → Messer.

Mit der Pucksäge lässt sich auch Gips sägen.

Für die Steinbearbeitung

Für ältere Kinder: Bei Bildhauerarbeiten mit größeren Gipsblöcken benötigen größere Kinder besondere Werkzeuge zur Bearbeitung. Zunächst wird ein großer Gipsblock gegossen, etwa in einer Pappschachtel, einem Eimer oder in einer Pappröhre. Anschließend kann dieser Gipsblock mit folgenden Werkzeugen bearbeitet werden.

→ Spitzeisen: Sieht ähnlich aus wie ein großer Bleistift und dient dazu, größere Gesteinsstücke wegzuschlagen.

→ Zahneisen: Ein großer Meißel, dessen Schneide gezähnt ist. Er dient zur Ausarbeitung der grob geschlagenen Form.

Meißel zur Stein- und Gipsbearbeitung.

→ Schneideeisen: In breiter oder schmaler Ausführung zur letzten Überarbeitung einer Skulptur.

→ Fäustel oder Schlägel zum Bearbeiten sind entweder aus Metall, wenn wir auf Metallwerkzeug schlagen, oder aus Holz, wenn wir Werkzeug mit Holzgriffen benutzen. Sie haben kurze Stiele.

→ Schleifpapier, Schleifschwamm: Das sehr weiche Material bekommt seinen letzten Schliff durch das Schleifen. Gips darf nicht mit Wasser und Schleifpapier geglättet werden, da das Wasser die Oberfläche aufweichen würde.

→ Festhaltevorrichtungen, die Gipsblöcke können nicht wie ein Holz eingespannt werden. Wir können sie entweder direkt im Freien in einer Sandkiste bearbeiten oder in geschlossenen Räumen auf einer mit Sand gefüllten Plastiktüte oder einem Stoffsack. Ein leicht angefeuchtetes Tuch verhindert in geschlossenen Räumen, dass der Gipsstaub sich zu sehr verbreitet. Doch Vorsicht: Wenn das Tuch zu nass ist, nimmt der Gipsblock zu viel Feuchtigkeit auf und kann nicht mehr behauen werden. Er muss dann erst wieder trocknen.

Gipsarten und -verarbeitung

Handelsübliche Gipsarten

→ Stuckgips (bei 110 bis 180 Grad gebrannt), der für Stuck verwendet wird und auch für Abgüsse verwendet werden kann.
→ Putzgips und Baugips (bei 180 bis 320 Grad gebrannt), Standardmaterial auf der Baustelle, grobes, sehr preiswertes Material, gräulich gefärbt, langsam abbindend, in großen Säcken lieferbar.
→ Marmorgips (bei bis zu 1000 Grad gebrannt), ist rein weiß und wird aus dem reinsten Gipsstein gemacht. Er wird besonders hart und nach dem Abbinden hat er eine dichte, porenfreie Struktur.
→ Estrichgips, ein besonders festes und hartes Material, das ca. sechs Stunden braucht, bis es vollständig abgebunden ist. Es eignet sich besonders für große Arbeiten, die wir aus dem Block hauen, also für Bildhauerarbeiten für ältere Kinder, mit Hammer und Meisel.
→ Modellgips, Alabastergips, speziell zum Modellieren und Gießen. Alabastergips ist etwas feinporiger und fester als Modellgips.
→ Gipsbinden, in Gips getränkte Gaze aus dem medizinischen Bereich, verhältnismäßig teuer, zum Abformen von Körperteilen besonders geeignet.

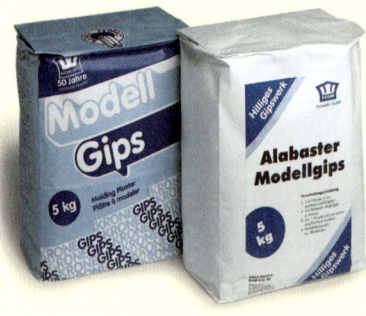

Modellgips.

Gipsbinde.

Besonderheit Marmorgips

Die besonderen Eigenschaften von Marmorgips entstehen durch die Verarbeitungsweise bei der Herstellung des Gipspulvers. Es wird nur der reinste Gipsstein verwendet. Nach einem ersten Brand tränkt man die entstandenen Gipsteile in Alaun, um sie dann noch einmal bei einer Temperatur von mehr als 500 Grad zu brennen und zu mahlen. Die Abbindzeit von Marmorgips ist unterschiedlich. Es gibt dieses Material mit Zusätzen von Schnell-, Normal- und Langsambindern, die zwischen 2 und 20 Stunden zum Aushärten brauchen. Ein selbst gemachter Zusatz ist Kleister, der sehr wässrig angemacht wird. Durch den Zusatz von dünn angemachtem Kleisterwasser kann die Abbindezeit verlängert werden. In 100 g Wasser können zwischen 180 bis 300 g Marmorgips eingestreut werden. Auch bei diesem Gips wird nach dem Einstreuen und völligen Durchfeuchten der Masse alles kräftig durchgerührt. Bei Marmorgips beschleunigt starkes und langes Rühren den Abbindeprozess. Die Oberfläche von Gipsobjekten aus Marmorgips kann geschliffen und poliert werden. Experimentieren Sie mit Wachs, Schuhcreme, Asche, Erde usw.
Auch beim Durchfärben von Gips mit Farbpigmenten verhält sich diese Gipsart unterschiedlich zu den übrigen Gipsarten. Es kann ein wesentlich höherer Anteil an Farbpigmenten eingestreut werden.

Haltbarkeit

Gipspulver ist zeitlich begrenzt haltbar, erkundigen Sie sich beim Einkauf im Fachgeschäft danach. Gips muss trocken gelagert werden. Feuchtigkeit schadet sowohl dem noch nicht verarbeiteten Gipspulver als auch den fertigen Objekten. Gipsobjekte können im Freien nur an Plätzen aufgestellt werden, die trocken sind, z. B. unter Vordächern. Wenn wir Objekte aus Gips im Freien aufhängen wollen, müssen wir daran denken, dass Nägel und Schrauben verzinkt oder mit rostschützendem Anstrich versehen sein müssen, damit sie nicht im Gips rosten.

Die Mischung macht's

Gipspulver muss stets in kaltes Wasser gestreut werden, niemals umgekehrt! Am besten nimmt man eine flache Plastikschale, die maximal zur Hälfte mit Wasser gefüllt wird. Das Mischungsverhältnis von Wasser und Gips kann unterschiedlich sein. Auf der Verpackung können wir nachlesen, welches Mischungsverhältnis geeignet ist. Das Mischungsverhältnis stellen wir uns am besten als Raumvolumen vor. 1 Becher Wasser und 2 Becher Gips ergeben die doppelte Gipsmenge. Wir müssen beim Anrühren also beachten: Bei einem Mischungsverhältnis von 1:2 erhalten wir fast die doppelte Gipsmenge.
Für die Kinder ist es sehr hilfreich, wenn wir ein festes Maß zum Abmessen der Mengen einsetzen, etwa:
1 Joghurtbecher Wasser + 2 Jogurtbecher Gips
in eine Schüssel oder Gipsmulde gegeben, ergibt so viel Gipsbrei, dass ein Kind beim Modellieren innerhalb von ca. 10 Minuten damit arbeiten kann, bevor die Masse abbindet und hart wird. Der Abbindevorgang ist ein chemischer Prozess, der nicht durch zusätzliche Wasserzugabe verlängert werden kann. Harter Gips bleibt hart und kann nicht mehr verflüssigt werden. Danach muss das Behältnis gereinigt und neuer Gips angemacht werden. Es kann ohne weiteres auf bereits abgebundenen Gipsoberflächen Material zugesetzt, angesetzt, beigefügt werden, auch wenn die Oberfläche schon längst getrocknet ist. Gipsobjekte können deshalb stets weiter bearbeitet werden.
Beim Modellieren folgt daraus: Lieber mehrere kleine Mengen anmachen und gleich verarbeiten!
Beim Formengießen folgt daraus: Wenn der angemachte Gips die Form nicht ganz füllt, kann das in zusätzlichen Gipsgüssen nachgeholt werden.

Mischungsverhältnisse und Verarbeitungstechniken
Wir können mit dem Mischungsverhältnis 1 Teil Wasser + 1 Teil Gips einen sehr dünnflüssigen Gips herstellen.
Wenn wir 1 Teil Wasser + 2 Teile Gips verwenden, ist der Gips gut zu gießen und hat eine sahneähnliche Konsistenz.
Beim Mischungsverhältnis 1 Teil Wasser + 3 Teile Gips wird der Gips modellierbar.

Gipspulver „ersaufen" lassen

Am besten rühren wir Gips auf die folgende Weise an: In eine flache Plastikschüssel, die zur Hälfte mit Wasser gefüllt wird, schütten wir nach und nach den Gips, sodass kleine Inseln auf der Wasseroberfläche entstehen, die sich langsam vollsaugen und vom Wasser verschluckt werden. Wir lassen den Gips „ersaufen", so wird dieser Vorgang in Fachkreisen benannt. Erst wenn alles Gipspulver im Wasser ist, wird mit einer Spachtel, einem Stock oder einem anderen Werkzeug kurz und kräftig umgerührt. Die entstehende sämige Gipsmasse muss klumpenfrei sein. Zu langes Rühren schadet dem Gips, er hat dann Luftblasen beim Aushärten oder er bindet gar nicht mehr ab. Nach dem Anrühren ist der Gips verarbeitbar, je nach Mischungsverhältnis zum Gießen, Modellieren oder Formen. Dieses Anmischen macht den Kindern viel Spaß und wird als spannender Prozess gesehen.

Mit Gips experimentieren und gestalten

Gips färben

Gips lässt sich durchfärben. Dabei gibt es unterschiedliche Möglichkeiten; die folgenden können wir als Experiment mit den Kindern durchführen. Zum einen nimmt man fein gemahlene Farbpigmente, die wir im Farbhandel erhalten. Diese Pigmente mischen wir in das trockene Gipspulver. Um eine Durchfärbung der ganzen Masse zu erhalten, muss alles im trockenen Zustand gut durchmischt werden. Das gefärbte Gipspulver streuen wir ins Wasser ein. Statt der Farbpigmente können wir auch pulverisierte Holzbeize oder Batikfarbe verwenden.
Zum anderen können wir Erden, die stark pigmentiert sind, trocknen, zerstoßen und anschließend sehr fein aussieben. Der letzte Siebvorgang kann mit einem Teesieb gemacht werden. Mit diesen „Erdfarben" wird der Gips dann so eingefärbt wie im oberen Versuch beschrieben. Die Farbigkeit wird mit Erdpigmenten nicht so intensiv.

Wir müssen beachten, dass durch die Beigabe von Zusätzen – in diesem Fall sind es Pigmente – die Bindungskraft des Gipses herabgesetzt wird. Der gewöhnliche Gips kann deshalb nur pastelltonig gefärbt werden. Anders verhält es sich bei Marmorgips. Hier sind Farbzugaben bis zu einem Verhältnis von 1 : 1 möglich (also die Hälfte der Masse Gips, die andere Farbpigmente). Wir können, um die herabgesetzte Festigkeit des Gipses wieder zu crhöhen, dem Wasser zum Anrühren etwas Kleister zusetzen.

Als dritte Färbemöglichkeit, können wir Gips auch mit in Wasser gelösten Farben durchfärben. Dazu wird das Lösungswasser gefärbt. So kann etwa das farbige Wasser, das zum Auswaschen der Pinsel benutzt wurde, zum Anrühren der Gipsmasse verwendet werden. Oder wir rühren Batikfarbe mit Wasser an und lösen darin den Gips auf. Auch hier gilt, dass sich das Abbindeverhalten durch den Farbzusatz verändert.

Pigment-Pulver: Mit industriell hergestellten Pigmenten lässt sich auch Gips intensiv färben.

- **Aktion: Farbige Gipsobjekte**
- Wir können Gips schichtweise unterschiedlich eingefärbt in Behältnisse
- gießen. Die Rohlinge lassen sich so zu gestreiften Figuren und Formen verarbeiten. Dieser Versuch kann zunächst mit nur zwei Farben (Schwarz und
- Weiß) gestartet werden, es lassen sich aber auch Objekte in allen Farben
- des Regenbogens herstellen. Im Vordergrund der Aktion stehen Versuchs-
- ideen und Farbvorlieben.

Aktion: Versuche mit Einstreumaterial
Farbe verteilt sich, wenn sie richtig ins Grundmaterial eingemischt wird, so gleichmäßig, dass wir die einzelnen Pigmente nicht mehr wahrnehmen. Es gibt aber noch anderes vielfältiges Einstreumaterial, das im Einzelnen sichtbar bleibt und ein Experimentieren mit neuen Gips-Material-Mixturen so schnell kein Ende finden lässt. Wir experimentieren mit Kieselsteinen, Asche, Blättern, Holzwolle, Sägemehl, Heu, Gras, Blüten, Blättern, Tannennadeln und Kiefernzapfen, Hobelspänen, Wollfäden, Stoffresten, Murmeln, Muggel-Steinen, Muscheln, Papiermaschee, Sand usw. Für jedes Material müssen wir extra Gips anrühren. Für eine Versuchsreihe brauchen wir mehrere Gießformen. Wenn wir dafür einheitliche Formen nehmen, z. B. große Jogurtbecher, gibt es eine sehr schöne Versuchsreihe, die wir als Beispiel für die Rezeptur aufstellen. Wir können für eine Reihe mit der stets gleich großen Gipsmenge arbeiten, z. B. 2 Becher Gips + 1 Becher Wasser + Versuchsmaterial (Mengenverhältnis ausprobieren).

Gipsbatzen mit eingestreutem Naturmaterial an der Oberfläche. Durch Weiterbearbeitung wird der Kontrast zwischen weißer bearbeiteter und grauer Ausgangsfläche sichtbar.

Oberflächenbearbeitung

Wenn wir den Gips nicht durchfärben, sondern nur an der Oberfläche bemalen wollen, können wir mit allen Flüssigfarben experimentieren, z. B. Wasserfarben, Holzbeizen, Batikfarben, Lackfarben, Ölfarben, Dispersionsfarben. Eine wässrige Tonschlammlösung verleiht dem Gips eine schöne erdige Färbung. Auch Stifte können zum Bemalen benutzt werden: Bleistift, Buntstift, Filzstift, Wachskreide, Kohle usw.

Ritzen, kratzen, schaben

Bereits mit dem Fingernagel kann die Oberfläche von Gips geritzt werden. Wir brauchen also nicht viel, um Spuren zu hinterlassen. Zum Ritzen, Kratzen und Schaben finden wir das meiste Werkzeug im Haus. Nägel, Schrauben, Stricknadeln, Vorstecher oder Prickelnadel zum Ritzen, Löffel zum Schaben und Gabeln zum Kratzen.

- **Aktion:** Kleine Platten zum Ritzen, Kratzen, Schaben
- Eine einfache Arbeit ist das Ritzen in eine Gipsplatte. Eine flache Schüssel oder ein flacher Becher wird mit Gips ausgegossen. Nach dem Abbinden wird die Gipsplatte herausgelöst. Schab-, Ritz-, Kratzwerkzeuge hinterlassen ganz leicht Spuren. Kopffüßler oder Haus, Baum, Blume, Vogel, Sonne, Bilder usw. können eingearbeitet werden. Jede Bildaussage gilt.
- Mit einem Borstenpinsel und wenig Farbe kann die Oberfläche eingefärbt werden.

Mit Gips gestalten

Gips gießen

Gips muss in eine Form gegossen werden. Diese Formen können aus den unterschiedlichsten Materialien sein: Pappe, Kunststoff, Gummi, Keramik, Glas, Metall, Holz, Ton, Sand und Erde.

Wenn die auszugießende Form elastisch ist, reicht es, die Gipsform durch leichte Bewegungen zu lösen, etwa bei Gummi oder weichem Ton. Formen aus Pappe oder Kunststoffverpackungen können zerstört werden, um den Rohling herauszulösen.

Bei unelastischen, starren Gießformen müssen wir darauf achten, dass sie glattwandig sind und nach oben hin breiter werden. Um den Rohling besser herauslösen zu können, streichen wir in die Form ein Trennmittel ein. Dies kann Öl, Schmierseife oder Vaseline sein.

Aus Gips, der in unterschiedliche Plastikbecher gegossen wurde, besteht dieses Objektensemble.

Aktion: Gipskreiden

In zylindrische Papröhren (Toilettenpapierröhren, die wir aufschneiden und übereinander schieben, bis der Durchmesser so eng geworden ist, dass eine nicht zu dicke „Gipskreide" daraus werden kann) gießen wir Gipsbrei, der im Verhältnis 1:2 angemacht ist. Der Boden muss geschlossen werden. Dazu wird am besten ein Stück Plastik über eine Öffnung geklebt. Oder wir stecken die Papröhre in weichen Ton, der als Boden gut abdichtet und auch wieder leicht entfernt werden kann, wenn der Gips fest geworden ist. Die Hülle wird nach dem Abbindevorgang entfernt, so kann das Objekt besser trocknen. Der Gips kann auch eingefärbt werden, dann erhalten wir bunte Kreiden zum Malen.

Mit Gipskreiden lassen sich Bilder auf Asphalt zaubern.

Aktion: Gipsgussobjekte

In leere Konfekt-Verpackungen gießen wir angemachten Gips, entweder mit Farbe durchgefärbten Gips schichtweise oder weißen Gips in einem Guss. Die weißen Teile können wir nach dem Trocknen bemalen. Wenn die Plastikformen nicht so weich sind, dass die Objekte nach dem Abbinden problemlos herausgelöst werden können, werden sie zuvor mit Trennmittel ausgepinselt, damit sich der Rohling leicht herauslösen lässt. Dieses Herauslösen darf nicht zu früh geschehen, die feuchten Gipsteile sind sehr leicht zerbrechlich. Wir nehmen zum Einfüllen bei sehr kleinen Formen Löffel oder andere Schöpfgeräte zu Hilfe, damit wir die kleinen Öffnungen besser treffen und nicht so viel Gipsbrei daneben geschüttet wird. Es sollten möglichst vielfältige Formen zur Verfügung stehen, damit der angemachte Gipsbrei verarbeitet werden kann. Wenn wir beabsichtigen aus den kleinen, besonderen Formen Schmuckstücke anzufertigen, können wir in der Abbindephase einen Zahnstocher für ein kleines Auffädelloch einstecken. Dieser wird entfernt, bevor der Gips ganz fest ist. Die Öffnung bleibt bestehen. Ein solch kleines Loch erst im Nachhinein in den getrockneten Rohling zu bohren, ist riskanter. Er kann leicht auseinander platzen. Wenn wir jedoch bohren, verwenden wir einen feinen Handbohrer oder einen Drillbohrer.

Einfaches Gipsgussobjekt, das nach dem Abbinden mit Mustern versehen wurde.

Öl und Vaseline als Schutzfilm

Vor allem bei größeren und starren Formen sorgt ein Trennmittel wie Öl oder Vaseline dafür, dass sich der Gipsblock leicht von der Form löst. Selbst bei sehr glatten Oberflächen (Plastikeimer oder mit Laminat beschichtete Bretter) ist ein Trennmittel empfehlenswert, denn dann löst sich der abgebundene Gipsblock sicher und ohne Abplatzer aus der Form.

Beim Gießen in weichen Ton wird kein Trennmittel benötigt.

Aktion: In Sand gegossen

Im Sandkasten hinter dem Haus finden wir eine große Fläche, wo wir eine andere Gipsgussarbeit ausprobieren können. Wir hüpfen, hopsen, laufen und springen durch den Sand und hinterlassen Fußspuren. Aus diesen zufällig entstandenen Spuren machen wir einen Fußabdruck aus Gips. Die Hohlform gießen wir mit Gipsbrei aus. Wenn wir im Garten Spuren von Vögeln, Hunden, Katzen oder anderen kleinen Tieren finden, gießen wir sie ebenfalls mit Gips aus. Einen kleinen Erdwall müssen wir auch hier machen, damit der Gips nicht ausläuft. Augen auf und aufgepasst! Es gibt viele Spuren zu entdecken. Eine andere Möglichkeit des Sandgusses ist, ein Motiv mit einem Stöckchen oder dem Finger in die feuchte Fläche zu zeichnen. Um die Zeichenfläche herum machen wir wieder einen kleinen Sandwall, damit uns der Gipsbrei nicht davonfließt. Dieser Brei wird dünnflüssiger angemacht – Mischungsverhältnis 1:1 – damit er leichter in die feinen Zeichenspuren fließt. Aber Vorsicht, zu heftiges Gießen zerstört die Zeichnung. Die ausgehärtete Gipsform nehmen wir vorsichtig weg und waschen die Oberfläche ab. Sand und Gips haben sich verbunden.

Aktion: In Erde gegossen
Mit einer Metallschaufel oder einer Spachtel graben wir ein Loch in die Erde. Beim Graben finden wir Steine, kleine oder größere Wurzeln. Die Bodenschicht ändert sich, je tiefer wir graben. Ein Loch kann groß oder klein sein, tief oder flach, es ist in diesem Fall die Hohlform, in die wir Gips gießen. Die gegossene Form hat sich an ihrer Oberfläche mit Sand und Steinen, mit Wurzeln und Erde gemischt. Es erinnert an eine Landschaft. Diese „Erd-Gipshaufen" nehmen wir zum Bauen von Landschaften. Spielzeugautos fahren zwischen Berg und Tal umher, Kinder bauen Rennstrecken und spielen Abenteuergeschichten. Sie nehmen dazu noch Zapfen, Steine, Stöcke und andere Stücke aus der Natur. Die Oberfläche dieser Gips-Erdhaufen wird mit den Schabewerkzeugen geritzt und geschabt und die glatte Fläche tritt zum Vorschein. Mit Farbe bepinseln wir den bearbeiteten Teil. Er hebt sich deutlich von der natürlich erscheinenden Oberfläche ab. Die Kinder können den Unterschied von einer bewusst gestalteten Oberfläche und einer mehr oder weniger zufällig entstandenen gut nachvollziehen. Das Produkt hat einen hohen Abstraktionsgehalt und lädt zu Assoziationen ein – Was könnte das sein? Es sieht aus wie ... Ja, wie sieht es aus?

Der Schein trügt

Die Dinge, die wir aus Gips abbilden, indem wir sie ausgießen oder eintauchen, scheinen die Dinge zu bleiben, die sie vorgeben. Es scheint jedoch nur so. Das Modell einer ausgegossenen Plastiktüte mit Falten und Knicken ist keine Plastiktüte, sieht aber so aus. Der Abdruck einer kleinen, mit brauner Farbe bestrichenen Konfektform sieht aus wie eine Praline, bleibt aber Gips. In Gips getauchte alte Kleidungsstücke, Schuhe, Handtaschen usw. werden auf einen Bügel gehängt und sehen aus, als ob sie angezogen, getragen werden könnten.

Gipsformen erwecken den falschen Schein und mit diesem Schein lassen sich gut Spiele entwickeln. Im Spiel bauen wir eine Welt mithilfe unserer Fantasie und darin kann es auch Gipspralinen geben, die wunderbar schmecken ... Sehr viele Dinge, die trocken und stabil sind, können wir in Gips tauchen. Alles wirkt gleich neutral weiß und die reine Form zählt. Es zählt weder die Farbe noch das ursprüngliche Material.

Echte Schnecken und Muscheln? Oder trügt der Schein?

Ton und Gips

Ton und Gips vertragen sich gut, doch Ton, der noch im Ofen gebrannt werden soll, darf keine Gipsstückchen enthalten. Für den Gipsguss nehmen wir deshalb Ton, den wir getrennt vom Aufbaumaterial zum Arbeiten mit Ton aufbewahren. In diesem Fall brauchen wir Ton, um Formen vor dem Ausgießen mit Gips abzudichten oder um eine Gussform herzustellen.

- **Aktion:** Ton-Materialbild
  Um eine ca. 3 cm dicke Platte aus weichem Ton setzen wir eine Tonwulst und drücken sie fest. Es entsteht eine Barriere, die verhindert, dass der eingegossene Gips ausläuft. In die weiche Tonplatte drücken wir Gegenstände, „alles, was glänzt und glitzert", oder verschiedene Materialien aus der Natur wie Muscheln, Schneckenhäuser, Tannenzapfen, Steine, Blüten usw. Es besteht die Möglichkeit, nur Abdrücke zu machen und ein ähnlich posi-

tives/negatives Ergebnis zu erzielen wie beim Sandguss (Trennmittel!), oder wir belassen die Gegenstände in der Tonplatte, sodass Materialbilder und Gipsreliefs mit eingeschlossenem bzw. fest aufgesetztem Material entstehen. Nachdem wir die Tonplatte gestaltet haben, gießen wir angerührten Gips, Mischungsverhältnis 1:2, in die Tonform. Nach dem Abbinden nehmen wir den weichen Ton ganz vorsichtig ab. Ein Relief mit den eingedrückten Gegenständen ist zu sehen. Was im Ton versenkt wurde, steht jetzt erhaben aus der Gipsplatte hervor. Der Zufall spielt eine große Rolle, bis wir herausgefunden haben, welches Material sich mit Gips verbindet und welches nicht.

Bevor der Gips abgebunden ist, stecken wir auf der Gipsplattenrückseite ein kleines Stäbchen schräg ein. Diese kleine Rinne ist zum Aufhängen des fertigen Gipsobjekts gedacht.

Eine Gussform aus Ton, mit Materialien bestückt.

Nach dem Ausgießen und Abnehmen zeigt sich, wie sich das Material mit dem Gips verbunden hat.

Kaschieren mit Gips

Den Begriff des Kaschierens kennen wir als Gestaltungsmöglichkeit aus dem Arbeitsbereich „Arbeiten mit Papier". Am bekanntesten ist die Überarbeitung eines Luftballons mit Papier und Kleister und als Endprodukt eine Laterne für St. Martin. Bei kaschierten Papiermaschee-Objekten werden Papierstücke schichtweise über einen Gegenstand geleimt und nach dem Trocknen abgehoben. Auf diese Weise erhalten wir den Abdruck eines dreidimensionalen Gegenstandes. Anstelle des Werkstoffes Papier verwenden wir Gipsbinden oder in Gips getränkte dünne Stoffe. Diese Schichttechnik eignet sich besonders für die Abdrücke von Dosen, Glas- oder Porzellanschalen, Tellern und anderen glattwandigen Gefäßformen. Zwischen dem Objekt und den Gipsschichten sollte ein Trennmittel aufgetragen werden. Wir können es mit Vaseline oder Öl versuchen oder wir legen als Trennschicht eine Lage nasses Papier zwischen Objekt und Gipsschicht. Das Papier kann nach dem Abheben des Gipsabdruckes leicht entfernt werden.

Aktion: Ein Kästchen wird zum Objekt
Die gestalterische Aufgabe beginnt mit der freien Ausgestaltung der Objektkästchen. Sie werden mit Fundstücken, die aufgesetzt und in Gips eingebettet oder mit Gipspapier-, oder Gipsstoffstreifen befestigt werden, verändert. Jedes Kästchen wird durch diese Arbeit zum Unikat. Die Oberfläche wird leicht geschmirgelt und mit weißer Dispersionsfarbe grundiert, mit Stiften oder flüssiger Farbe malen wir sie an. Ganz zum Schluss kommt eine dicke Lackschicht drauf.

Aktion: Frei geformte Landschaften
Eine andere, noch freiere Arbeitsweise des Kaschierens ist das Überarbeiten von Material – z. B. Zeitungspapier, Schachteln, Dosen, Holzreste usw. –, das als Unterbau dient. Mit Kreppklebeband, Nägeln oder Heißkleber werden die Objekte fixiert und danach mit in Gips getauchtem Stoff überarbeitet. Dazu reißen oder schneiden wir Stoffreste in Streifen. In einer Schüssel machen wir dünnflüssigen Gips an, tauchen die Streifen ein und legen sie über die gebaute Unterkonstruktion. Wenn alle Bauteile gut mit den Gipsstreifen abgedeckt sind, können wir mit dem restlichen Gips unser Gips-

objekt ausbauen. Solange der Gips nicht abgebunden hat, lassen sich Zweige als Bäume, Steine und Sand als Felsen oder Straßen einbauen. Nach einem mehrtägigen Trocknungsprozess bemalen wir diese Landschaft aus Gips mit Dispersionsfarbe. Nach einem Besuch im Zoo können viele Kinder ihre gemeinsam gemachte Erfahrung umsetzen. Sie bauen Behausungen für Tiere oder das Gelände des Tierparks zu einer großen Landschaft aus.

Drahtgeflechte und Drahtgerippe

Mit älteren Kindern machen wir in der Kaschiertechnik große Formen und Figuren aus gipsbeschichtetem Maschendraht in der Gipswerkstatt. Als Grundmaterial dienen kleinere und größere Rechtecke aus Maschendraht oder Fliegengitter, die mithilfe von Drahtschere und Seitenschneider zurecht geschnitten werden. Dazu sollten Handschuhe getragen werden und Pflaster bereitliegen!

Aktion: Drahtfigur

Für eine Figur, die in der Kaschiertechnik hergestellt werden soll, wird ein großes Rechteck aus Maschendraht zu einem dicken Zylinder für den Rumpf geformt, zwei lange Röhren für die Arme und ein weiterer Zylinder, der an einem Ende so eingedrückt wird, dass er rundlich wie ein Kopf aussieht, geformt. Die Teile verbinden wir mit den kleinen abstehenden Drahtenden die wir umeinander winden. Zusätzlich kann ein Stück Wickeldraht wie ein „Näh-Faden" eingesetzt und die Verbindungsstellen noch einmal umwickelt werden. Die Außenhaut der Figur besteht zuerst aus einer Schicht Zeitungspapier, das mit Kleister über die gesamte Form kaschiert wird. Diese Schicht ist notwendig, damit der Gipsbrei nicht durch das Maschengitter tropfen kann. Sie muss trocken sein, bevor der Gips aufgetragen wird. Innen füllen wir die Figur, die nach unten hin offen bleibt, mit geknülltem Zeitungspapier. Dadurch wird das Zusammenfallen der Figur verhindert, denn der aufgetragene Gips ist in nassem Zustand schwer. Nachdem diese Vorarbeiten abgeschlossen sind, kann von den Kindern Gips in großzügiger Menge angerührt und in mehreren Schichten auf die Figur geklatscht werden. Die letzte Gipsschicht muss gut geglättet werden, dazu werden Schwäm-

- me oder alte Bürsten benutzt, oder wir reiben so lange mit den Händen, bis wir mit der Form und der Oberflächenstruktur der Figur zufrieden sind. Nach dem Trocknen wird die Figur mit Farbe und Pinsel bemalt, mit Perlen und Muscheln, Stoffen und Fäden beklebt.
- Kleine Drahtfiguren werden aus einem Grundgerüst aus Draht oder Drahtgeflecht aufgebaut. Dieses wird mit Schaumstoff oder mit gedrehten Papierschnüren umwickelt, die mit Kreppband befestigt werden. Diese Figuren werden mit kleineren Gipsmengen überarbeitet und eignen sich im Gegensatz zu den ganz großen Figuren aus Maschendraht als Einzelarbeit.

 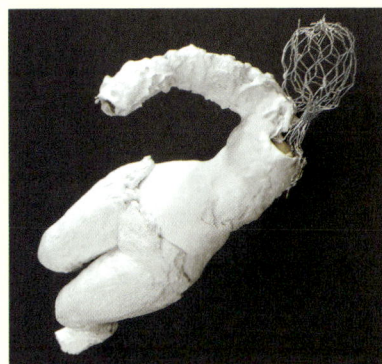

Eine Drahtfigur wird mit Gips bzw. Gipsbinden umbaut.

Gipsbinden

Gipsmasken, Abformungen von Händen oder Füßen lassen sich mit Gipsbinden realisieren, die im Fachhandel erhältlich sind. Die Gipsbinden gibt es in verschiedenen Breiten. Im medizinischen Bereich sind sie 30 cm oder noch breiter.

- **Aktion: Gipsmasken und -hände**
  Auch beim Arbeiten mit Gipsbinden treffen wir Arbeitsvorbereitungen, die uns die Ausführung im Arbeitsprozess erleichtern. Zuerst müssen wir die trockene Gipsbinde in Streifen schneiden, die Breite und Länge der Streifen richtet sich nach der Form des abzunehmenden Körperteils. Für Finger und

Zehen brauchen wir kleine, schmale Streifen, für die Gesichtsfläche breitere. Es ist wichtig, dass bei dieser Arbeit kein Wasser mit den Gipsstreifen in Verbindung kommt, denn schon kleine Tropfen bewirken, dass der Gips an diesen Stellen hart wird und die Streifen nicht mehr zu verarbeiten sind.
Die Hautstellen, über die der Gips kaschiert wird, müssen unbedingt geschützt werden, weil der Gips sich auf der Hautoberfläche mit den feinen Körperhaaren verbindet und beim Abnehmen des Rohlings ein schmerzhaftes Ziepen alle Lust und Freude an einem Gipsabdruck nimmt. Wir fetten sie entweder mit Vaseline ein oder verwenden die noch wirksamere Methode, eine dünne Schicht aus Zellstoff, den wir anfeuchten, auf die Haut zu legen. So geschützt beginnen wir, die erste Schicht aufzulegen. Dazu einen Gipsstreifen in Wasser tauchen und darauf achten, dass er dabei nicht zusammenklebt, den Streifen auflegen und durch sachtes Darüberstreichen den Gips anlösen, sodass er sich mit dem Gewebe verbinden kann. Die erste Schicht ist nicht sehr lange weich und elastisch, schon bald beginnt der Abbindeprozess und die Schale wird hart. Es genügen bei einer Gipsmaske ca. 3 bis 4 Lagen, um eine stabile Grundform zu erhalten. Sie wird mit dem Zellstoff abgenommen und zum Trocknen ausgelegt. Der Rohling kann in diesem Zustand an den Rändern mit einer Schere beschnitten werden und in Höhe der Schläfen wird ein Gummiband festgemacht. Mit Kindern ist es einfacher, nur Halbmasken zu machen. Die Erfahrung des erhärtenden Gipses auf der Haut und das damit verbundene Spannungsgefühl ist den Kindern fremd und soll sie nicht in Angst versetzen.
Der Rohling kann weiter gestaltet werden. Mit kleinen Papierkugeln oder Streifen verändern wir die Grundform und es entstehen Masken. Ein Theaterstück oder eine Faschingsveranstaltung kann Anlass sein, eine Maske zu gestalten.

Kinderhände aus Gipsbinden, frei bemalt mit Dispersionsfarbe.

Plastische Materialien

Das Angebot von plastischen Massen ist vielfältig und die Aussicht, einen farbintensiven, einfach zu verarbeitenden Werkstoff fertig zur Verfügung zu haben, ist verlockend. Der Preis für die benötigten größeren Mengen lässt uns vor einem Kauf jedoch zurückschrecken.
Es gibt unter den angebotenen Produkten viele Materialien, die sich schon seit langem bewähren, andere sind neu auf dem Markt und wollen erst erprobt werden. Wir müssen uns außer über den Preis vor allem darüber Gedanken machen, ob sich der Werkstoff im Hinblick auf seine Verarbeitungsfähigkeit von Kindern einsetzen lässt. Wenn das Material seinen Reiz auf uns ausübt wegen der (gezeigten) Produkte, die wir damit herstellen können, müssen wir uns kritisch fragen: Können wir außer den vorgeschlagenen Ergebnissen auch frei mit dem Material arbeiten oder können wir nur nachgestalten, was vorgeschlagen wird? Können wir eine Materialalternative bieten, um mit den Kindern plastische Arbeiten durchführen zu können? Selbst hergestellte Massen üben schon im Vorfeld einen großen Reiz aus, denn wir können die Kinder bei der Herstellung mit einbeziehen.

Die Herstellung

Zur Herstellung von plastischen Massen gibt es in Anleitungsbüchern viele Rezepte. Oft finden wir in der Materialangabe Lebensmittel aufgeführt. Sei es Mehl, Salz, Kartoffelstärke oder anderes. In jedem Fall entscheiden wir, ob diese lebensnotwendigen Stoffe aus der Ernährung zu plastischen Massen verarbeitet werden sollen oder ob wir dies nicht grundsätzlich ablehnen müssen. An dieser Stelle wird es keine Rezepte für plastische Massen mit Lebensmittelanteilen geben. Es gibt kein Rezept für selbst hergestellte Knete, keines für Salzteig.
Wir müssen überlegen, mit welche Materialien wir unser Vorhaben umsetzen können. Sind es Werkstoffe, die wir als Grundstoffe verändern können? Wir haben zum Beispiel:
ein Grundmaterial + Flüssigkeit + Bindemittel + Zusatzstoffe
also: Papier + Wasser + Kleister + Farbe, Gips

Aktion: **Materialforschungslabor**

Am Beispiel des Grundmaterials Papier können wir sehen, was sich alles daraus entwickeln lässt. Aus Papier wird Papierbrei, Papiermaschee, je nach Konsistenz können wir es zum plastischen Formen nehmen oder es verdünnen und damit Formen ausgießen, wir können Zusatzstoffe beimengen, die die Materialeigenschaften verändern, z. B. Gips.

Wenn wir so grundsätzlich an die Aufgabe „Herstellen von plastischen Massen" herangehen, kommen wir zu dem Entschluss, ein Labor zum Erfinden und Erforschen zu gründen.

Viele Möglichkeiten, die sich ergeben, müssen wir experimentell mit den Kindern erproben. Alle Ergebnisse werden von den jungen, neugierigen Forschern dokumentiert, aufgemalt und aufgeschrieben, es gibt ein Forscherbuch. Das Forscherteam besteht aus vielen Mitarbeitern, die alle voneinander lernen.

Auf Plakaten künden wir das Vorhaben an und schreiben auf, was wir alles brauchen. Wir brauchen die Unterstützung von Eltern und Kindern, um ein Labor einrichten zu können.

Für das Labor suchen wir: Lupen, Pinzetten, Pipetten, Trichter, Trinkhalme, Schlauchstücke, Fotoapparate, ein Mikroskop, Stifte und Papier, Kerzen.

Wir brauchen Grundmaterial, das von allen gemeinsam gesammelt wird. Wenn unser Materialangebot groß genug ist, wird es im Forscherraum in vielen Behältnissen für alle bereitgestellt.

Grundwerkstoffe sind: Kleister, Leim, Papier, Wachs, Sand, Erden, Wasser, Gips, Zement, Mörtel, Asche, Sägemehl in verschiedenen Feinheitsstufen, Hobelspäne, Heu und Stroh, Wollfäden, Stoffreste, Blätter und Blüten, trockene Papier- und Pappschnipsel, z. B. aus dem Reißwolf, flüssige Farben z. B. Holzbeize, Batikfarbe, Dispersionsfarbe, Farbpigmente.

Zum Arbeiten brauchen wir viel Platz, gegen Staub und Dreck Schutzbrillen und Atemschutz, Schutzkleidung, Abdeckung für Tische und Boden oder einen Arbeitsplatz im Freien, Eimer und Schüsseln zum Anrühren, Gläser und Dosen, Becher und Pappformen zum Ausgießen und Einfüllen, Rührgeräte, Schneebesen und Stöcke, Mörser zum Zermahlen, zum Reinigen Lappen, Eimer mit Wasser, Kehrschaufel und Handfeger.

Papierbrei mit Zusätzen

Um den Papierbrei, die Grundsubstanz für Papiermaschee, in seinen Eigenschaften zu verändern, ihn dichter und schwerer zu machen, können Sand, Gips oder Zement hinzugefügt werden. Die Bearbeitungsmöglichkeiten verändern sich durch das Ergänzen von Gips oder Zement und die Stein-Papier-Massen, die nach dem Trocknen des Papierbreis entstanden sind, können mit Steinwerkzeugen bearbeitet werden. Steinwerkzeuge sind Holzwerkzeugen ähnlich. Es gibt für den Gestaltungsbedarf mit den Kindern folgende Werkzeuge: Bohreinsätze, Raspeln, Feilen, Hammer, Sägen. Steinwerkzeuge können nicht für Holz und umgekehrt können Holzwerkzeuge nicht für Stein eingesetzt werden. Die härtere Steinoberfläche stellt andere Bedingungen an das Werkzeug als die Holzoberfläche. Am besten wird das Werkzeug für die unterschiedlichen Materialien farblich gekennzeichnet, damit gleich erkennbar ist, wofür es eingesetzt wird.

Aktion: Papiermaschee-Gussteile

Mit dem Papierbrei, der durch Zugabe von Gips oder Zement steinähnlich aushärtet, können beliebige Formen ausgegossen werden. Bei Schalen, Bechern, Schüsseln und anderen Hohlformen kann als Trennmittel zwischen Form und Masse Vaseline aufgetragen oder Frischhaltefolie eingelegt werden. Die getrocknete Masse lässt sich so leichter herausnehmen. Als Formschablone können zum Beispiel Kästchen und Kistchen aus Holz oder Pappe dienen. Auch eine Toilettenpapierrolle lässt sich als Rohform nutzen: Auf der Unterseite der Toilettenpapierrolle wird ein Pappboden mit Klebeband befestigt. So ist die Form dicht und die Masse kann eingefüllt werden.
Die getrockneten Teile sind trotz ihrer Stabilität leicht und eignen sich sehr gut dazu, bemalt zu werden. Sie können mit Steinwerkzeugen geraspelt, gefeilt, gebohrt und gesägt werden.
Aus den Rohlingen entstehen Spielzeuge und Fantasieobjekte z. B. Bausteine, Stützen für eine Brücke, Brot und Gemüse für den Kaufladen, Figuren, die durch Ankleben von Borsten und Fäden wilde Perücken bekommen, Monster und all die anderen Figuren, die in Videofilmen oder im Fernsehen auftreten und nun ihren Platz im Kinderspiel beanspruchen. Oder es werden Rennwagen entworfen, an denen Räder aus Holzscheiben mit Achsen angebracht werden können.

Literatur

Werkstoff Papier
- Gerstäcker Katalog, Johannes Gerstäcker Verlag GmbH, Postfach 1165, 53774 Eitorf (gleichzeitig auch Bestell-Bezugsquelle für Materialien)
- Wehrfritz Information zum Thema Papier/Pappe, Wehrfritz GmbH Postfach 1107 8634 Rodach bei Coburg
- PapierMacher, VAP – Zeitschrift für Mitarbeiter der Papierindustrie, Januar 2003
- Papier, Katalog der Ausstellung, Deutsches Museum, Hermann Kühn, Lutz Michel
- Papierschöpfen, Angelika Feilhauer, Jost Peter Clemens, Cornell Erhardt, Otto Maier Verlag Ravensburg 1983
- Papier, Versuche zwischen Geometrie und Spiel, Franz Zeier, Paul Haupt Verlag 1974, Bern Stuttgart
- Papiermaché, Gabriele Grünebaum, Dumont 1993

Werkstoff Holz:
- Elisabeth Gloor, Kinderwerkstatt Holz, Ravensburger Verlag 1983
- Rolf Hartung, Sperrholz, Otto Maier Verlag 1969
- Karl Glöckner, Werken, Rembrandt Verlag 1969

Werkstoff Erde, Sand & Ton
- Keramik, Uwe Mämpel, rororo Sachbuch 7717, Deutsches Museum, Kulturgeschichte der Naturwissenschaften und Technik, 1985
- Eine sehr interessante Internetseite zum Thema Farbpigmente finden Sie unter: www.seilnacht.tuttlingen.com/ Lexikon/Erdfarb.htm
- Ton finden - formen - brennen, Angelika Hofmann, DuMont Taschenbücher; Bd. 115, 1982
- Elementares Arbeiten mit Ton, Wilhelm M.A. Müller, Don Bosco Verlag, München 1976
- "Selbst hergestellte Farben" Manuskript von StD Raimund Ilg, Fortbildungsakademie Schloss Rotenfels

Werkstoff Gips
- Matschen, Kallmeyersche Verlagsbuchhandlung, Mary Ann F. Kohl
- Freude am Werken, Gert Lindner, Bertelsmann Vlg.1965
- Kunst erleben – Kunst begreifen, Evelin Hietkamp, Cornelsen Vlg. 2001
- Mach' was mit Gips! Fischer Taschenbuch Verlag GmbH, 1977

Bildnachweis

Fotos auf den Seiten 13, 17, 31, 41, 70 links, 71, 72 und 123 von Hartmut W. Schmidt.
Fotos auf den Seiten 48 und 59 vom Deutschen Museum, München.
Fotos auf den Seiten 152, 153, 155, 157 und 158 von Arnold Brunner.
Wir danken dem Gerstäcker-Verlag für die Abdruckgenehmigung und die Überlassung der Bilddaten für die Abbildungen auf den Seiten 52, 85, 88, 89, 90, 112 Mitte, 114, 115, 116, 117, 144, 181, 182, 183, 184 und 188.

Bezugsquellennachweis

Die genannten Werkzeuge und Arbeitsmaterialien können bezogen werden bei
Johannes Gerstäcker Verlag GmbH
Postfach 1165
53774 Eitorf
www.gerstaecker.de